JN100591

説得力を高めたい人のための法的思考入門

中央大学法科大学院教授・
弁護士
野村修也

PHP

「説得力を高めたい」と思ったことはありませんか。そんな方のヒントになればと思い、この本を書きました。

「法的思考」とは、日ごろ私が他人を説得する際に駆使しているスキルです。その本質をなるべく分かりやすく解説しますので、参考にしてみてください。きっと、たくさんの気づきがあるはずです。

　もちろん、法学部や法科大学院で法律を専門的に学んでいる学生さんにも、役立つ情報が満載です。裁判官、検事、弁護士などを目指している学生さんには優れた法律家になるために、法学部を経て社会の様々な場所で活躍していく学生さんには法学部で学ぶ意義を再確認してもらうために、この本はあります。

　日本では、「法的思考」のことを「リーガル・マインド」と呼ぶことが多いです。この言葉は、20世紀初頭にエジプトの大学などで活躍したイギリスの法学者モーリス・エイモス（M. Amos）が論文のタイトルにしていることからも分かるように、古くから、法律家に共通する思考法を指す言葉として用いられてきました。

　一方でイギリスには、古くから「良き法律家は悪しき隣人（Good lawyer, Bad neighbor）」という格言がありました。日本でも、法律家には、論理でねじ伏せて権利を押し通すイメージや、ああ言

えばこう言うと屁理屈をこねるイメージを持っている方は少なくないと思います。そのためイギリスでは、だんだんと「リーガル・マインド」という言葉に悪いイメージが結びつくようになり、最近ではあまり使われなくなっています。

　また、アメリカでは、19世紀後半ごろからO・W・ホームズ判事（Oliver Wendell Holmes, Jr.）らによって、「法の生命は論理ではなく、経験にあった (The life of the law has not been logic, it has been experience.)」と考えるプラグマティズム法学が旋風を巻き起こしました。そのため、法律家の論理に結びついた「リーガル・マインド」という用語は敬遠されるようになったともいわれています。

　こうした事情から、英米では、「リーガル・マインド」ではなく「法律家らしい考え方（Thinking of Lawyer)」という言葉が好んで使われます。

　そこで本書では、「法的思考」という用語をタイトルに選びました。もちろん法学部で学び「リーガル・マインド」という言葉に慣れ親しんでいる人には、本書は「リーガル・マインド」の入門書だと考えていただいて構いません。

　では、さっそく「法的思考」の世界へご案内しましょう。

野村修也

目 次

はじめに ……………………………………………………………… 2

第1章　法的思考とは何か

1　ケーキの分け方 ………………………………………………… 12

2　『ヴェニスの商人』の法律学——ポーシャの判決 ……… 16

3　法的思考の特徴 ………………………………………………… 18

　　(1)　スキーマとしての法的思考 ……………………………… 18

　　(2)　法的思考は三段論法なのか …………………………… 21

　　(3)　法典の存在 ……………………………………………… 28

　　(4)　言語の力 ………………………………………………… 33

　　(5)　よりよい「解釈」とは …………………………………… 40

第2章　法律の点検

1　世界は法で覆われているか ……………………………… 46

2　立法爆発の時代 …………………………………………… 49

3　おかしな法律 ……………………………………………… 54

4　道徳に基づく点検 ………………………………………… 58

　　（1）　法段階説 …………………………………………… 58

　　（2）　悪法問題 …………………………………………… 60

　　（3）　自然法論と法実証主義 ………………………… 62

　　（4）　ハートとフラーの論争 ………………………… 65

5　多数決のパラドックス …………………………………… 69

6　「法と経済学」に基づく点検 …………………………… 71

7　ゲーム理論に基づく点検 ………………………………… 75

8　行動経済学に基づく点検 ………………………………… 79

9　実証研究に基づく点検 …………………………………… 83

10　立法趣旨・立法事実の重要性 ………………………… 86

(1) 立法趣旨を理解する ……………………… 86

(2) 立法事実を確認する ……………………… 90

11 まとめ ……………………………………… 97

第3章　事実認定

1 『十二人の怒れる男』 ……………………… 102

2 目撃情報のあいまいさ ……………………… 104

3 間違える脳 …………………………………… 109

(1) 情報伝達の問題点 ……………………… 109

(2) 記憶の問題 ……………………………… 111

4 ヒューリスティックを生み出す二重のシステム ……… 113

5 確証バイアス ………………………………… 119

6 統計の落とし穴 ……………………………… 121

7 O・J・シンプソン事件 ………………… 127

8 裁判における事実認定のルール ……………… 129

(1) 事実認定の立体構造 ………………………… 129

(2) フレーム問題を回避するための討議ルール …… 130

(3) 証明責任とは何か ………………………… 133

(4) 民事訴訟における弁論主義 ………………… 137

第4章　法律論に潜む価値判断

1　法律論は価値判断の押し付けではない ……………… 142

2　メタ「正義論」………………………………………… 144

3　正義論の見取り図 …………………………………… 146

(1) 古典的正義論 ………………………………… 146

(2) 功利主義 ……………………………………… 147

(3) 他者危害原理とパターナリズム ……………… 151

(4) カントの義務論 ……………………………… 153

(5) 功利主義の修正 ……………………………… 154

(6) ジョン・ロールズの『正義論』……………… 157

(7) ロールズ『正義論』への批判と

政治的リベラリズム ……………………………… 162

(8) ロールズ以後の正義論 ……………………… 163

(9) ネオ・リベラリズムとリバタリアニズム ………… 165

4 4象限マップ …………………………………… 168

第5章 法的思考を使ってみよう

1 元号法 ……………………………………………… 172

2 足利事件 …………………………………………… 183

3 部屋割り問題とマーケット・デザイン ………………… 187

4 改めて「法的思考」を考える ……………………… 194

参考文献 …………………………………………… 197

おわりに …………………………………………… 204

ブックデザイン：Sparrow Design（尾形忍）
カバー写真：Shutterstock
著者撮影：稲治 毅（ナイアガラショット）

第 1 章

法的思考とは何か

1 | ケーキの分け方

　まずは、次の問題を考えてみましょう。「ケーキの分け方なら知っているよ。2人のうち片方が切って……」と思った方も、ちょっとだけお付き合いください。話はそう簡単ではありませんので。

　山田家には、太郎と次郎の兄弟がいます。おやつの時間になりましたが、冷蔵庫の中には、ショートケーキが1個しかありません。今にも喧嘩になりそうな2人の様子をみて、お母さんは、太郎にナイフを渡し、2つに切って分けなさいと命じました。そこで、ずる賢い太郎は、ちょうど半分に分けるのではなく、大きめと小さめとに切り分けて小さい方を次郎に渡しました。結局は喧嘩になったわけですが、こうした事態を避けるには、お母さんはどうすればよかったのでしょうか。

　人類は古くからその答えを知っていました。旧約聖書の創世記には、アブラハムが一緒に旅をしていた甥のロトと袂を分かち別々の土地に住むことを決めた際、アブラハムが土地を左右に分けて、ロトに好きな方を選ばせました。この「一方が切って、他方が選ぶ（Cut-and-Choose）」という手順は、切る側に「どちらが残っても満足できるような切り方をしよう」という気持ちを生

み、選ぶ側には好きな方を選べたという満足感が残りますので、喧嘩になりにくいものです。山田家のお母さんも、太郎にナイフを渡す際に「次郎に選ばせる」ことを告げていれば、喧嘩を避けることができたでしょう。

　では、山田家に花子という妹がいた場合はどうすれば良いでしょうか。同じ発想からすれば、まず太郎が半分に切り、次郎が一方を選んだあと、太郎と次郎がそれぞれ半分ずつになったケーキをさらに３等分し、最後に花子が太郎の側から１つ、次郎の側から１つを選ぶことにすれば、話はおさまりそうです。

　この登場人物を３人以上とする公平分割問題は、第二次世界大戦中であった1944年に、ポーランドの科学者H・D・シュタインハウス（Hugo Dyonizy Steinhaus）によって提起され、それ以来、たくさんの数学者の心を捉えてきました。1995年に、スティーブン・J・ブラムス（Steven J.Brams）とアラン・D・テイラー（Alan D.Taylor）が、人数が無限に増えても大丈夫な分割方法（ブラムス・テイラー法）を発表したことで、この分野の研究は大いに発展しました。

　しかし、いくら数学的に可能でも、それでは一番大事なケーキを美味しく食べるという目的が損なわれてしまいます。「法的思考」にとっては、目的を見失わないことがとても大事なので、時には次善の策（例えば、お母さんに３等分してもらう）を考えることも必要となります。

この点、ケーキの分け方ではありませんが、田中角栄元総理の羊羹の分け方に関する有名なスピーチがあります。

「子供が十人おるから羊羹を均等に切る。そんな社会主義や共産主義みたいなバカなこと言わん。君、自由主義は別なんだよ。（羊羹を）チョンチョンと切ってね、一番ちっちゃい奴にね、一番デッカイ羊羹をやるわけ。そこが違う。分配のやり方が違うんだ。大きな奴には"少しぐらいガマンしろ"と言えるけどね、生まれて三、四歳のはおさまらんよ。そうでしょう。それが自由経済ッ」
（小林吉弥著『田中角栄の人を動かすスピーチ術』講談社）

　やや強引な物言いではありますが、分配（結果）の平等のために行動を抑制する社会主義・共産主義と、自由な活動から生まれる不均衡を人間の智慧で治める自由主義との比較は、なかなか秀逸です。要するに、「次善の策」に対する許容度こそが人間の自由な活動を保障しているということなのでしょう。

　さて、このケーキの分け方からはさらに、「法的思考」にとって重要なポイントが導かれます。
　まず確認しなければならないのは、ここでの公平な分配とは正確に半分に分けることではなく、他人をうらやましいと思わずに済む分け方だということです。
　仮に正確にケーキを半分に分ける機械があったとして、それで山田家のケーキを分けたならば、太郎と次郎は喧嘩せずに済むで

しょうか。例えば、太郎の考える真ん中の線が機械の選んだ真ん中の線よりも1ミリ右側で、次郎も太郎と同じ考えだとしたならば、たとえ正確な分け方ではないとしても、2人が真ん中だと信じている線で切り分けなければなりません。正確さを重視して機械で切り分け、右側を太郎に、左側を次郎に与えた場合、太郎は自分の考える真ん中よりも1ミリ大きなケーキが当たったと感じ、逆に次郎は1ミリ小さなケーキしかもらえなかったと感じます。これでは、2人の喧嘩を避けることはできないでしょう。ここに「法的思考」の難しさと、醍醐味があるのです。

1972年9月、中国・北京で第1回首脳会談を行う
田中角栄首相と周恩来中国首相。（写真：時事）

2 『ヴェニスの商人』の法律学
──ポーシャの判決

　ウィリアム・シェイクスピア（William Shakespeare）の『ヴェニスの商人』ほど法律家が好んで論ずる小説はありません。中でも意見が激しく対立するのは、法律家に扮したポーシャが下した判決の是非についてです。

　「待て、まだあとがある。この証文によれば、血は一滴も許されていないな──文面にははっきり『一ポンドの肉』とある。よろしい、証文のとおりにするがよい、憎い男の肉を切りとるがよい。ただし、そのさい、クリスト教徒の血を一滴でも流したなら、お前の土地も財産も、ヴェニスの法律にしたがい、国庫に没収する」（シェイクスピア著・福田恆存訳『ヴェニスの商人』新潮文庫）

　いったい、この判決のどこに問題があるのでしょうか。肉1ポンドを担保にとった証文を有効としながらも、高利貸のシャイロックに対し、アントーニオーの血を一滴も流さずに肉だけを切り取るよう命じた機知に富む判決は、ドラマのクライマックスです。
　しかし、法律家であるルドルフ・フォン・イェーリング（Rudolf von Jhering）は『権利のための闘争』の中で、肉を切り取る契約は血を流すことを当然の前提としていたとみるべきで、「血を流すな」と言ってその契約に待ったをかけることは無理だと指摘

しました。それどころか、この解釈は殺人を許すことにつながりかねないと批判したのです。アントーニオーの命を救うには、むしろ証文を無効とすべきだったというのが、イェーリングの主張です。

　結論は同じです。であれば、どちらでも良さそうですが、そうはいかないのが法的思考の世界です。人の命を担保にとること自体を問題にせず証文を有効と解してしまうと、肉１ポンドを切り取る手順を事細かく約束し、血が出ることも含んだ証文にしてしまえば、担保権の実行という名の下に殺人を許す結果となるからです。

　シェイクスピアの劇を愛する者にとっては何とも無粋な話ですが、法的思考のあり方を考える上ではとても重要なポイントです。ロンドンの名だたる法曹学院のサロンに出入りしていたともいわれるシェイクスピアが、法的思考の流儀を知らなかったはずはありません。むしろ彼は、ポーシャの判決の異様さを際立たせることによって、すんでのところでアントーニオーを救い出す切迫感を描こうとしたのでしょう。

　いずれにせよ、法的思考には一定の流儀があることがお分かりいただけたと思います。そこで、節を改めて、法的思考の特徴を掘り下げてみることにしましょう。

3 | 法的思考の特徴

(1) スキーマとしての法的思考

　総務省のデータベースによれば、現在効力を有する法律は憲法を含めて 2,126 あります（令和 6 年 3 月現在）。法律家はこの膨大な数の法律を解釈し運用しなければなりませんが、当然のことながら、それらすべてについて解説本があるわけではありません。にもかかわらず、法律家が動ずることなく淡々と対処できるのは、「法的思考」という共通のスキルを身に付けているからです。

　一般に、人は学びを通じて頭の中に「知的システム」を作り出すといわれており、認知心理学では古くからこれを「スキーマ」と呼んでいます。

　スキーマは、新しい知識を既にある知識と結びつけながら再編成し続けるダイナミックな知的システムで、中でも、人間行動を時系列でつなぐものをスクリプトと呼びます。こうした知的システムは行間を読んだり、物語を理解したりする際に不可欠なものです。

　例えば、教会の前に華やかに着飾った人が集まっていると結婚式だと分かりますし、その人たちが花びらの入った籠を持っていると、間もなく新郎新婦が出て来るだろうと予測できるといった具合です。こうした人間が持つ知的システムは、人工知能の分野

でも重視されており、映画『2001年宇宙の旅』のアドバイザーとしても知られるマービン・ミンスキー（Marvin Lee Minsky）らによって「フレーム」と名付けられています。

　法律学を学ぶことによって、自ずと構築される知的システムこそが法的思考の源です。例えば、「未成年者」という言葉を耳にすると、法律家は、一般の人以上にこの言葉に結びついた様々な効果を思い浮かべますし、「児童」「年少者」「青少年」「子ども」などといった言葉との違いが頭をめぐります。そして一旦構築された「未成年者」に関する知的システムも、対象年齢が18歳未満に引き下げられたことで、ダイナミックに再編成されるわけです。

　結論の是非はさておき、日本人が「法的思考」の例として好んで持ち出すのが、いわゆる大岡裁きです。3両を拾った男が、落とした男に返そうとしましたがどうしても受けとってもらえなかったので、大岡越前守は懐から1両取り出し、両者に2両ずつ受け取らせました。

　この「三方一両損」（拾った男は1両返さなければならなくなりましたが、落とした男への返金額も1両少なく、大岡越前守も自腹を切って1両損する形になっています）の話は、紛争を丸く収める智慧としてしばしば取り上げられます。

　これを踏まえて、次の話を読んでみてください。

1803 年にジョン・ドルトン（John Dalton）は、分割できない最小の粒子を原子と呼び、化合物は原子が結びついたものだと主張しました。ところが、その 5 年後にゲイ・リュサック（J. L. Gay-Lussac）は、気体が反応する際の体積比に関する法則を見つけ出し、水素 H と酸素 O で水（H と O の化合物）ができる時の比率が、2:1:2 であることを突き止めました。しかし、この発見は、ドルトンの原子説と矛盾します。

　なぜなら、$2 \times H + 1 \times O \rightarrow 2 \times HO$ だとすると、O が 1 つ足りないからです。この論争に割って入ったのがアヴォガドロ（L. R. Amedeo C. Avogadro）で、物質の基本は複数の粒子が合わさった分子であると主張しました。つまり、水素は H_2 で酸素は O_2 なので、$2 \times H_2 + 1 \times O_2 \rightarrow 2 \times H_2O$ となり、丸く収まりました。

　どこか大岡裁きに似ていませんか。それもそのはず、アヴォガドロの本業は実は弁護士だったのです。このように一旦構築された「法的思考」のスキーマは、様々な分野で応用可能だということができます。

　逆に言えば、法的思考を豊かなものにするには、法律学の世界に閉じこもるのではなく、様々な学問分野に目を向ける学際的な視点が重要だということになります。

(2)　法的思考は三段論法なのか

　法的思考を特徴づけているといわれるのが、いわゆる三段論法（Syllogism）です。仮に次のような出来事が日本で起こったとしましょう。彼はどのような罪に問われるでしょうか。

「彼は斧をとり出すと、両手で振りかざし、辛うじて意識をたもちながら、ほとんど力も入れず機械的に、斧の背を老婆の頭に振り下ろした。……老婆は背丈が低かったので、いいぐあいに斧はちょうど頭のてっぺんにあたった。老婆は叫び声をあげたが、それは蚊の鳴くような声だった。そして両手を頭へ上げることは上げたが、すぐに床へくずれた。……そこで彼はもう一度、さらに一度、力まかせに斧の背で頭のてっぺんをねらってなぐりつけた。コップをひっくりかえしたように、血がどっと流れでて、身体が仰向けに倒れた。……老婆はもう死んでいた」（ドストエフスキー著・工藤精一郎訳『罪と罰（上）』新潮文庫）

　これは、ドストエフスキーが『罪と罰』の中で描いたもので、「天才には悪人を殺す権利がある」という選民思想に取りつかれたラスコーリニコフが高利貸しの老婆アリョーナを殺害する有名なシーンです。ちなみに、『罪と罰』（1866 年発表）の書名は、罪刑法定主義を論じたチェーザレ・ベッカリーア（Cesare Beccaria）の名著『犯罪と刑罰』（1764 年刊）と瓜二つです。

　罪刑法定主義とは、犯罪として処罰するには事前に明確な法律

が必要だとするもので、後に刑法学者ルートヴィヒ・フォイエル
バッハ（Ludwig Feuerbach）によって定式化されました。例え
ば殺人のような「神の掟」に反する行為でも、人が人を裁くには、
やはり「人の掟（＝法律）」が必要となります。

　そうだとすれば、すべての罪は人工的なものにすぎないことに
なりますので、選民という大義があれば罪を犯しても構わないの
ではないか。『罪と罰』の主人公は、こう考えて、神の掟を否定
するニヒリズムの中で身勝手な殺人を犯しました。ドストエフス
キーが、『犯罪と刑罰』と重ねながら、神の掟に背くという意味
ではなく、人の掟を侵すという意味のロシア語を書名に用いたの
は、おそらくこの主題を際立たせるためだったと考えられます。

　さて、仮にこのラスコーリニコフの事件に日本の法律が適用さ
れるとした場合、彼はどのような罪に問われるのでしょうか。こ
こでは、次の三段論法が成り立つことになります。

【三段論法①】

大前提（条文）　　人を殺した者は、死刑又は無期若しくは5年以
　　　　　　　　　上の懲役に処する

小前提（事実）　　ラスコーリニコフはアリョーナを殺した

結　論（判決）　　ラスコーリニコフは死刑又は無期若しくは5年
　　　　　　　　　以上の懲役に処せられる

　法律家がこの三段論法という形式を重視するのは、刑罰を科す
といった国家権力の行使が、国会における民主的手続きによって

制定された法律に基づいて行われていること（これを「法の支配」といいます）を表現できるからにほかなりません。

　しかし、この法律家が駆使する三段論法は、アリストテレス（Aristotelēs）が発見し、論理学の研究者によって精緻化されてきた正規の三段論法とは、大きく異なっています。

　その理由は、大前提となる条文の不明確さにあります。アリストテレスの三段論法は、大前提に据える命題が明確で、誰が行っても小前提の当てはめが同じになることを前提としています。しかし、法律の条文は不明確なものが多いため、「解釈」という作業が必要になります。

　何が「殺人」かは明確だと思われるかもしれませんが、では次の事例は殺人に当たるでしょうか。

　Aは不倫相手Bが邪魔になり、殺そうと考えるようになりました。そこで、この世では結ばれない恋なので心中しようと持ち掛け、その気になったBに、すぐに後を追うからと嘘をついて致死量に当たる毒物を渡しました。BはAの言葉を信じて自殺しましたが、Aは致死量に至らないところで毒物を吐き出したため、一命をとりとめました。

　Aは、Bの死亡に関し直接手を下していないので、自殺に関与した罪（自殺をそそのかした自殺教唆罪や自殺を助ける自殺ほう助罪）に問われるだけのようにも見えます。

　しかし、最高裁判所は、類似の事案において、後追い自殺をす

る意思がないにもかかわらず被害者を騙して自分が後を追うと信じ込ませて自殺させる行為は通常の殺人罪に当たると判断しています（最高裁昭和33年11月21日判決）。

　要するに、ここでは、次に示すように、大前提と小前提の間に法の「解釈」という作業が含まれているわけです。

【三段論法②】

大前提（条文）　人を殺した者は、死刑又は無期若しくは5年以上の懲役に処する

解　釈　　　　他人を騙して自殺させる行為は殺人に当たる

小前提（事実）　Aは後追い自殺すると信じ込ませBを自殺させた

結　論（判決）　Aは死刑又は無期若しくは5年以上の懲役に処せられる

　この解釈は条文の言葉から論理必然的に導かれるわけではありませんので、法的思考は、純粋な三段論法ではないことが分かります。このため、実際の事件では有罪・無罪の判断が分かれることも少なくありません。この点で話題になったのが、コインハイブ（Coinhive）事件です。

　2017（平成29）年に、ウェブデザイナーの男性が、自分のサイトにコインハイブというコンピューター・プログラムを組み込みました。このプログラムは、この男性のサイトを閲覧した人の

コンピューターにコピーされ、閲覧者のコンピューター上で作業を行うことにより暗号資産を報酬として獲得する動作（マイニング）をします。

そして、その報酬の7割をサイト運営者である男性が、残りの3割をコインハイブの開発者が手にする仕組みになっていました。

問題は、閲覧者に気づかれないまま操作が行われ、サイトの閲覧中、ほんのわずかですが閲覧者のコンピューターの処理速度が低下するという点を、どう評価するかにありました。この点について捜査当局は、コインハイブはコンピューターウイルスの一種であると考え、サイト管理者の男性を不正指令電磁的記録保管罪（刑法168条の3）で起訴しました。

この罪は、サイバー犯罪対策として2011（平成23）年に刑法に追加された比較的新しい犯罪です。不正指令電磁的記録というのは要するにコンピューターウイルスで、それを正当な理由がないのに作成することはもちろん、取得したり保管したりすることも犯罪となります。

この事件で世間を驚かせたのは、控訴審の有罪判決を最高裁がくつがえし、逆転無罪の判決を下したからです。起訴された事件が有罪となる確率が約99.9％である日本においては、非常に珍しい出来事です。

どうしてそのようなことが起こったのでしょうか。この事件の争点は、不正指令電磁的記録の要件である「人が電子計算機を使用するに際してその意図に沿うべき動作をさせず、又はその意図

に反する動作をさせるべき不正な指令を与える電磁的記録」にコインハイブが当てはまるかという点にありました。

　コンピューターの使用者に、意図に沿う動作をさせない、または意図に反する動作をさせるという要件（反意図性）については、控訴審も最高裁も満たしていると判示しましたが、不正な命令という要件（不正性）に当たるかどうかについて判断が分かれました。

　控訴審は、ウェブサイトの運営資金は閲覧者に気づかれない方法で確保すべきではないので、それに気づくネット広告とは違い、わずかな処理速度の低下であっても許されない不正な命令だとしました。

　それに対し最高裁判所は、ウェブサイトの運営者が第三者の閲覧を通じて運営資金を得る仕組みはデジタル情報の流通にとって重要であり、その一般的方法であるネット広告と比べ、コインハイブは、閲覧者の同意なしに閲覧者のコンピューターを使用する点でも、その際に生ずる処理速度の低下の程度の点でも特に違いがあるわけではなく、社会的に許容できるものだと判示しました。

　このように結論が逆になった理由は、条文の解釈の仕方にあります。図1を見てください。

　控訴審は、法は明らかに適正なものだけを許していると考えているのに対し、最高裁は明らかに不当なものだけが犯罪になると考えているため、グレーなところに位置するコインハイブの扱いが逆になったわけです。

図1

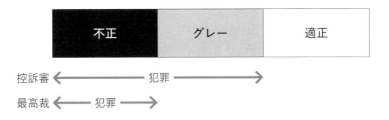

　その背景には、ウェブサイトの運営資金の確保を否定的に捉えているか、肯定的に捉えているかの違いがあったことは明らかです。

　このように法的思考は、表面的には三段論法の形をとっているため、常に同じ結論になるように見えますが、そこには「解釈」という作業が介在することから、全く異なる結論が導かれることも少なくないわけです。

　要するに、法的思考の良し悪しは、この「解釈」の良し悪しによって決まります。

（3）　法典の存在

　法的思考にとって「解釈」が重要であることは分かりましたが、では、その解釈とは法律家が自由な価値判断に基づいて行う裁量的な作業なのでしょうか。

　世界には、ルールをあらかじめ法典の形で定めているドイツやフランスなどの国（大陸法＝成文法の国）と、裁判所の下した判例をルールとして積み重ねていくイギリスやアメリカなどの国（英米法＝判例法の国）があります。

　かつて世界最古の法は、ハムラビ法典だといわれてきました。これはバビロンのハムラビ王が、近隣諸国の征服によって大王国を築き上げた後に、その編纂を命じたものです。しかし現在では、より古い法典としてウル第三王朝の創始者であるウルナンム（在位前2112-2095年）の命によって編纂されたウルナンム法典の存在が知られています。

　とはいえ、これらは神のお告げや作業の記録のようなものが雑多に集められたものにすぎませんでした。現在に通ずる意味で法典と呼べるのは、東ローマ帝国のユスティニアヌス帝が編纂を命じたローマ法大全です。この法典は、ゲルマン人の大移動で東ローマ帝国が滅亡した後、一部は東方のビザンツ帝国に引き継がれましたが、ローマ法大全のうち「学説彙纂」と呼ばれる重要な部分は教会の倉庫などに眠ってしまいました。

　このローマ法大全を再発見したのが、世界最古の大学の一つで

法律学を教えていたボローニャ大学の学者たちです。この大学の正確な創立年は不明ですが、神聖ローマ帝国のフリードリッヒ１世（バルバロッサ／赤髭王）が、同大学に対し、1158 年に学生の裁判権について特許状を与えたとの記録がありますので、少なくともその時には存在していたと考えられます。

　中世ヨーロッパの人々が、東方の国々に温存されていたギリシアやローマの文化を再発見する活動をルネサンスといいますが、このボローニャ大学によるローマ法の再発見は、チャールズ・ハスキンズ（Charles H. Haskins）によって名付けられた「12 世紀ルネサンス」の一環だったということができます。かくしてボローニャ大学でローマ法大全を学んだ学生たちは、祖国に帰り、法典編纂を主導します。これが大陸法＝成文法の国々の始まりであることは言うまでもありません。

　日本は、江戸末期に締結した不平等条約を解消するために、法治国家であることを海外にアピールする手段として法典編纂の道を選びました。当時の東京大学は主としてイギリス法を教えていましたので、政府は、フランス人のボアソナード（Boissonade）博士やドイツ人のロエスレル（Roesler）博士などを招いて法典編纂の作業を委ねました。

　しかし、出来上がった法典は、外国の制度を直輸入するような内容で、日本の実情には上手く適合していませんでした。そこで、東京大学出身の若き法律家らが中心となって英吉利法律学校(現・中央大学）を作り、政府の進める法典編纂に待ったをかけました。

同じくイギリス法を教えていた専修学校（現・専修大学）や東京専門学校（現・早稲田大学）も加わって、この反対運動は一大論争を巻き起こしました。結果として、ルールは紛争解決の中から生まれてくるもので、役人が頭で考えて作るものではないという主張が受け入れられ、ボアソナードらの作った法案は棚上げとなりました。

　こうした紆余曲折はあったものの、最終的に日本は、日本人の手で法典編纂の作業を成し遂げ、あらかじめ法典を作る大陸法の仲間に入りました。そこで、この法典が、どの程度「解釈」を縛るのかが問題となります。

　イギリスを代表する法哲学者で主著『法の概念』で知られるH・L・A・ハート（H.L.A.Hart）は、法典の言葉には「確かな中核」の部分と「疑わしい半影」の部分があるとした上で、「確かな中核」部分には解釈することなく事実を当てはめることができますが、「疑わしい半影」の部分への事実の当てはめは、法律家が自由な価値判断に基づいて裁量的に行うしかないと主張しました（これを「司法裁量論」といいます）。このことを次の例で考えてみましょう。

　ある公園に「ボール遊び禁止」の立て札があったとします。野球（キャッチボール）、バレーボール、ドッジボール、サッカー、テニスなどをすることが禁止されていることは誰でも分かります。
　では、フリスビーをすることは禁止されているのでしょうか。

ボールという言葉から一般的にイメージされる形状からすれば
フリスビーはそれに当たりませんが、遠方に飛ばすという動きか
らすれば同類のようにも思われます。つまり、ルールの言葉だけ
では結論を導けないことから、結局は解釈者の自由な価値判断に
委ねられるというのが、ハートの考えなのです。要するに、ハー
トによれば法典の言葉は完全には「解釈」を縛れないことになり
ます。

　これに異議を唱えたのが、アメリカの法哲学者で『権利論』や
『法の帝国』で知られるR・ドゥウォーキン（Ronald Myles
Dworkin）です。彼は、法の適用はすべて「解釈」を通じて行わ
れるのであって、一見すると自動的に結論が導かれているように
見える場合（「ボール」という言葉に野球のボールを当てはめる
場合、つまり、ハートが言う法の「確かな中核」に事実を当ては
める場合）でも、「解釈」は行われていると主張します。
「ボール」という言葉に野球のボールとフリスビーを当てはめる
行為は同じ「解釈」によるもので、単に「解釈」の難しさが違う
だけだと考えるわけです。
　では、ドゥウォーキンにとって「解釈」とはどのような行為な
のでしょうか。それは、自由な価値判断に基づく恣意的な作業で
はなく、先人が行ってきた解釈を踏まえつつ、法の目的に照らし
ながら法の言葉を最善なものに変えていく作業だということにな
ります。
　いささか分かりにくいですが、公園の例に即していうならば、

ボール遊びを禁止した目的が、①周囲で遊ぶ子どもたちの安全性と、②スペースの独占防止にあるとするならば、野球（キャッチボール）はもちろんのこと、フリスビーによる遊びも禁止されるべきだと解釈することになります。

その上で、新たにおもちゃの小型ドローンを禁止するかどうかが問題となった場合には、フリスビーの時の議論を参考にしながら、「ボール」という言葉の意味を最善のものにしていく。これが「解釈」だというのが、ドゥウォーキンの考えです。

ボールをどう解釈するか。（写真：イメージマート）

(4)　言語の力

　では、どちらの考え方が優れているのでしょうか。それを考えるためには、そもそも言語というものがどのような力を持っているかを考えることが必要です。

　言語は世界を切り分けます。啓蒙思想家として有名なジャン・ジャック・ルソー（Jean-Jacques Rousseau）が、言語は外の世界に名前を付けるだけのものだと考えたのに対し、無秩序に流れる世界を言語が切り分ける（秩序づける）と考えたのが、言語学者ベンジャミン・リー・ウォーフ（Benjamin Lee Whorf）の名を冠した有名な「ウォーフ仮説」です。

　このように自分たちの外に客観的な世界が存在することを「疑う」発想は、哲学の世界ではよく見られるものです。例えば、「我思う、故に我あり（Cogito,ergo sum.）」で有名なルネ・デカルト（René Descartes）は、自分以外のすべてのものに疑いの目を向けました。また、エトムント・フッサール（Edmund Gustav Albrecht Husserl）は、自分の外にモノが存在するという考えをひとまず括弧に入れる（これを「現象学的還元」といいます）ことで、外の世界は、各自が心の中で感じ構成したもの（構成的内在）にすぎないと主張しました。

　つまり、その心の中で抱いた像が本当に外の世界に的中しているどうかは、実は誰にも分からないというわけです。それでも人々が外の世界に客観性を感じるのは、交流やコミュニケーションを通じて、同じものを見ているという感覚（間主観性）が生まれる

からだと、フッサールは言います。

　なんだか科学者が怒りそうな議論ですが、最近の脳科学によれ
ば、あながち見当外れというわけでもないようです。なぜなら、
網膜は外界を移すレンズではなく、光信号を電気信号に変換して
脳に送る装置で、その後、電気信号が外側膝状体（間脳に左右
１対が存在し、視覚情報の処理を行う細胞の集団）を通って後頭
葉の一次視覚野に視覚を生み出しますが、その際、これまでの経
験や学習に基づく記憶がその視覚を作り変えてしまうことが分か
っているからです。
　また、最先端の科学である量子論では、物質を細分化して原子
よりも小さな単位（原子＝原子核と電子、原子核＝陽子と中性子、
陽子と中性子＝クォークという素粒子）の微視的世界にたどりつ
くと、世界は混沌としたものとして現れることが分かっています。
　私たちが目にする世界では粒子と波は全く異なる性質を持って
おり、粒子は、波とは違ってその所在が明らかであると理解され
ていますが、微視的世界では物質が粒子と波の２面性を持つため、
観測するまで粒子の所在は確率論的にしか定まらないことが証明
されているからです。意味不明だと思われた方は無視していただ
いて構いませんが、気になられた方は「シュレーディンガーの猫」
という思考実験をネットで調べてみてください。

　同じような発想は言語哲学の分野でも見られます。
　例えば、近代言語学の父と呼ばれるフェルディナン・ド・ソシ

ュール（Ferdinand de Saussure）は、言語をラング（音声、語彙、文法規則などからなる言語体系）とパロール（各人の発話行為）に分けた上で、言語学の研究対象はラングだと整理しました。

　ちなみに、最近、文章を作る人工知能（生成 AI）がにわかに注目を集めていますが、これはパロールが生み出す膨大なデータを人工知能が学習することによって、次に続く確率の高い単語をつなぎ合わせていくもので、ラングの原理を解明したものではありません。

　ソシュールは、ラングを記号の体系だとしました。記号とは、「意味するもの（シニフィアン）」と「意味されるもの（シニフィエ）」から構成されますが、シニフィアンがどんなシニフィエと結びつくかに必然的な決まりはなく、他の記号との「差異」（相関関係のようなもの）によって決まると考えました。

　例えば、日本語では、ペット用のウサギ（穴ウサギ）も野ウサギも同じ「ウサギ」と表記されますが、英語には、前者を表すラビット（rabbit）と後者を表すヘア（hare）という記号が存在しているため、その記号の「差異」によって両者は別物として意味づけられるわけです。つまり言語は、客観的秩序を伴って実在している対象に名前を付けて映し出すものではなく、記号の「差異」を通じて世界を切り分ける道具だということになります。

　この記号の差異がどのようにして生まれるのかを説いたのが、ジャック・デリダ（Jacques Derrida）です。デリダは、AとBとが対立しているように見える場合でも、Aの中にBの要素が含まれている（AがBに向けて発する批判はブーメランのようにAに

も突き刺さる）と指摘することで、ＡとＢとの二項対立を解体し、より新しいものへと再構築する方法論を提唱しました。これを「脱構築（déconstruction）」といいます。

デリダは、この方法を言語にも当てはめます。ソシュールがラングとパロールに分けたことは先ほど述べましたが、デリダは、これらはいずれも「話し言葉（広い意味でのパロール）」を前提としていると整理します。西欧哲学は伝統的に、目の前で語られる「話し言葉」こそが正確で、それをコピーした「書き言葉（エクリチュール）」は間違いを伝える恐れがあるとして軽視されてきました。デリダは、ソシュールもまたこの伝統の中にあるといいます。

それに対しデリダは、「話し言葉」には音声を発したとたんに消えてしまうという弱点があるのに対し、「書き言葉」には、時を越えて言葉を反復できる強みがあると評価しました。イエス・キリストの話した言葉はとっくの昔に消えましたが、聖書があるから、私たちはその言葉を知ることができるというわけです。

これを踏まえて、次の現象を考えてみましょう。例えば私が何の脈略もなく「イシが……」という「話し言葉」を発したとします。この時点で私が、「意思」ではなく「医師」をイメージしていた場合、いったいなぜその区別が可能となるのでしょうか。話し始める前に、何らかの形で言語の「差異」が存在していたことになりますが、それは音声を発すればすぐに消えるはずの「話し言葉」の性質に合いません。

他方で、この言葉を聞いた相手は、私が「……手術した」という述語を発した時点で初めて、「イシ」が「医師」だと気づくでしょうが、消えているはずの「イシ」という音声が、述語が発せられるまで残っているのも「話し言葉」の性質に合っていません。

　では、なぜこのような事態が生ずるのでしょうか。デリダは、「話し言葉」の中に「書き言葉」と同じ性質を持つもの（これを「原‐エクリチュール」といいます）が潜んでいるからだと考えました。まさに「話し言葉」と「書き言葉」の二項対立を脱構築したわけです。

　原‐エクリチュールとは、世界を切り分ける「差異」なのですが、それと同時に、遅延して侵食してくる「書き言葉」によって、新たな「差異」を生み出し続ける混沌としたものと考えられます。デリダはこれを、「差異」と「遅延」を合わせて作った「差延」という造語で表現しました。

　このように、世界を切り分ける「差異」は固定的なものではなく、常に新陳代謝を繰り返しながら変化しているのだとすると、言語は常に不確実な意味内容しか持ち得ないことになります。

　では、言語がこうした性質を持つものだとした場合、法の解釈はどのようなものとして理解できるのでしょうか。この点について重大な問題提起をしたのが、言語哲学者のルートヴィヒ・ウィトゲンシュタイン（Ludwig Josef Johann Wittgenstein）です。古田徹也著『はじめてのウィトゲンシュタイン』を参考に作った次の問題を解いてみてください。

「石を拾え」という命令は、次のうち何をするよう命じているのでしょうか。

1. 河原に転がっている石を拾う
2. 石という名字の人を車でピックアップする
3. 石という名の捨て猫を家に持ち帰る
4. スパイが「石を拾え」という暗号に込めた特殊な任務を遂行する

どうでしょう、分かりましたか。そうです。どれが正解か分からない、というのが正解です。そもそも言葉とその意味の結びつきが不確実なわけですから、いかなる規則も受け手次第ということになり、行為の仕方を縛れないというわけです。ウィトゲンシュタインはこれを「規則のパラドックス」と名付けました。

では、私たちは、「石を拾え」の意味をどうやって選び取っているのでしょうか。ウィトゲンシュタインは、言語を織り込んで営まれる日常生活（これを「言語ゲーム」といいます）を通じた訓練とそれによって生まれる慣習によって、規則の意味は定まると述べています。

こうしたウィトゲンシュタインの考え方を法典の解釈に当てはめると、どうなるでしょうか。おそらく「確かな中核」部分は解釈なしに意味が定まるとしたハートの考え方よりも、法典の言葉はすべて「解釈」を必要とするとしたドゥウォーキンの考え方のほうが、言語の本質に即していることになるでしょう。

すでに述べたようにドゥウォーキンによれば、解釈の余地のないまま自動的に当てはめられる条文もなければ、自由な価値判断に基づく恣意的な解釈を許す条文もないのであって、あらゆる条文が、先人の解釈を踏まえつつ、法の目的に照らしながら言葉をよりよいものに変えていく作業だということになります。この考え方は、規則の意味の源を「言語ゲーム」に求めたウィトゲンシュタインの考え方に近いということができます。

2007年11月、ホルバーグ国際記念賞を受賞する
アメリカの法哲学者、ロナルド・ドゥウォーキン。
（写真：AFLO）

（5） よりよい「解釈」とは

　では、法典の「解釈」の良し悪しは、どのようにして決まるのでしょうか。「解釈」という作業の中に何らかの「循環」があることは、多くの哲学者が指摘しています。ヴィルヘルム・ディルタイ（wilhelm Dilthey）は、全体を解釈するには部分を解釈する必要があり、部分を解釈するには全体を解釈する必要があることを指摘しました。

　また、マルティン・ハイデガー（Martin Heidegger）は、その主著『存在と時間』の中で、解釈とは時間軸の中で循環的に行われることを示唆しました。すなわち、現存在（ダーザイン：Dasein）を了解するには、単に現在の姿だけではなく、過去の時点で既に世界に投げ込まれていることから生ずる制約と、将来の企てにどのような可能性を持っているかを、循環的に解釈する必要があると主張したわけです。

　ハイデガーについては、かねてからナチスへの協力が問題視されて来ましたが、2014 年にいわゆる「黒いノート」と呼ばれるハイデガーの覚書が公刊されたことにより、ドイツの論壇では抹殺状態にあります。しかし、この時間軸の地平で展開される解釈学的循環の着想は、弟子のハンス＝ゲオルグ・ガダマー（Hans-Georg Gadamer）に受け継がれ、その主著『真理と方法』によって哲学的解釈学へと結実しています。

　こうした解釈学的循環を法的思考に取り入れたのが、刑法学者のカール・エンギッシュ（Karl Engisch）です。法的思考におい

ては、事実が適用条文を導き出し適用条文が事実を抽出するといった形で、常に法と生活関係の間で「視線の往復」が行われていることを指摘しました。そうだとするならば、解釈の良し悪しは「視線の往復」の仕方によって決まることになります。

　おそらく法律家は、まず解決すべき事案を分析した上で理想的な解決策を想定し、それに適合的な条文を見つけ出した上で、その条文に当てはまりやすい形で事実を抽出するとともに、条文を当てはまりやすいように「解釈」して結論を導いています。これが法的思考における「視線の往復」であり、解釈の実態です。しかし、この理想的な解決策の想定とその後の事実認定や「解釈」が、単に法律家の自由な価値判断に基づくものだとするならば、法律学とは極めて恣意的な学問ということになり、法律家の暴走を許す結果になってしまいます。

　これを防ぐのが、過去の紛争解決を通じて発見された解釈や法原理の蓄積です。法律家はこれをスキーマとして共有することによって、自分勝手な解釈を防いでいるのだと考えられます。Th. フィーヴェク（Theodor Viehweg）は、ヨーロッパの古典的学問分野の１つであった「修辞学（レトリック）」が、弁論の最初に参照すべき「トポス」と呼ばれる場を重視していたことを再発見し、そこに良き法解釈の拠り所を見出しました。法的思考にとっては、法典の概念を精緻な体系に組み立てる「体系的思考」（これを重視する法律学を概念法学といいます）よりも、具体的な紛争の解決の中から叡智を蓄積していく「問題思考」が重要で

あり、それによって形成された「トポス」を次の紛争解決にどれだけ生かせるかが、良い解釈であるかどうかの鍵だと主張したわけです。

　こうした哲学的解釈学を出発点としてヨーロッパで展開された考え方は、アメリカでの論争が生み出したドゥウォーキンの主張と、期せずして一致しています。このことは、こうした考え方が芯を捉えていることの証拠だと考えられます。

　そこで、以上の点を踏まえながら、もう一度、先に示した三段論法②の形を見てみましょう。

【三段論法②】

大前提（条文）　　人を殺した者は、死刑又は無期若しくは５年以上の懲役に処する

解　釈　　　　　他人を欺罔して（騙して）自殺させる行為は殺人に当たる

小前提（事実）　　Aは後追い自殺すると信じ込ませBを自殺させた

結　論（判決）　　Aは死刑又は無期若しくは５年以上の懲役に処せられる

　この形で導かれる結論が良いかどうかは、

①適用される法律（条文）が正しく選定されていること

②事実が正しく認定されていること

③それらを結びつける解釈が妥当であること

によって決まります。重要なのは、これら３つの作業は相互に影響し合っており、その緊張関係が「解釈」を生み出すという点にあります。

　この作業の正当性や妥当性を支える「トポス」は、条文ごとに相当の量の蓄積を有しています。他国に存在している類似の法制度が蓄積している「トポス」も参照する（これを比較法といいます）ならば、人類が蓄積して来た「トポス」は計り知れない量になります。

　したがって、それらすべてをここで示すことはできませんし、本書の目的からして、その必要もないでしょう。そうした条文ごとの「トポス」の確認は、法学部や法科大学院での専門教育に委ねられます。

　では、本書では何を確認する必要があるのでしょうか。それは「トポス」を生み出す着眼点です。

　①の大前提である法律については、それが何の目的で、何を根拠に制定されているのかを点検する視点が重要です。②小前提である事実の認定については、それを歪める要因はどこにあるのかを点検する視点が大事です。

　そして、③解釈については、それが選択している価値判断を点検する視点が必要となります。

　そこで以下では、章を改めて、これらの点について順次検討することにしましょう。

第 2 章

法律の点検

1 | 世界は法で覆われているか

　第二次世界大戦前後に活躍したドイツの法哲学者グスタフ・ラートブルフ（Gustav Radbruch）は、無人島に着いたロビンソン・クルーソーを例に挙げ、一人ぼっちの時には「法」はなかったが忠僕フライデーにめぐり合ってから「法」が生まれたと説明しました。出典は不明なのですが、法律家の間では有名なローマの諺に「社会あるところ法あり（Ubi societās, ibi jūs.）」というものもあります。法をどのように定義するかによりますが、ルールといった意味で広く捉えるならば、社会には法（ルール）が不可欠ですし、逆にいえば、法のない社会は存在しないということができるでしょう。

　では、一旦社会ができると、その隅々まで法律で覆われることになるのでしょうか。次の例を使って考えてみましょう。

　入院していたA君は、お見舞いに来てくれた親友B君に「君が入院した時は必ずお見舞いに行くから」と言いましたが、数年後B君が不治の病に倒れたにもかかわらず、A君は一度もお見舞いに行きませんでした。A君が来ないことを悲しみながら亡くなったB君を見て、B君の遺族はA君を相手取り、B君がA君に対して有していた慰謝料請求権を相続したとして訴えを提起しました。
　この訴えは認められるでしょうか。

大多数の人は、これは友情の問題であって、慰謝料を請求できるような問題ではないと考えたのではないでしょうか。私もそう思います。

「法は道徳の最小限」という言葉があります。これは、ゲオルグ・イェリネック（Georg Jellinek）という19世紀の有名な法学者が『法・不法及刑罰の社會倫理的意義』の中で述べた言葉です。

　ご存じの通り、社会を規律するルール（これを社会規範といいます）には法律のほかにも道徳など様々なものがあります。その中で、法律の特徴は、国家権力が命令し、それに違反した者に制裁（サンクション）を加えるという点にあります。こうした意味での法律は、私たちの暮らしのすべてを覆い尽くしているわけではありません。その意味で、法律の守備範囲は「最小限」の部分に限られ、その他の部分は道徳に委ねられるというわけです。

　法律学を学び始めた学生の中には、何でもかんでも法律の問題にしたがる者が見受けられます。デートの約束を破られた腹いせに、「新調した洋服代を返せ。訴えてやる」と息巻いている学生を見かけると、「そんな了見だから嫌われるのに」とつぶやきたくなるのは、私だけではないはずです。中には、太宰治の『走れメロス』を例に、「先生、もしもメロスがどこかに逃げた場合、そのせいで死罪となった友人の遺族は、どの条文を根拠にメロスを訴えればいいのですか」と聞いてくる学生もいます。

　学んだばかりの法制度で頭がいっぱいになっているのだと思いますが、「純粋に文学を味わったらいいのに」と感じるのは私だ

けではないでしょう。こうした学生には、世の中は法律で埋め尽くされているわけではないことを理解してもらうことが必要だと思います。

　しかし、こうした「法は道徳の最小限」という枠組みは、そもそも私たちの暮らしのうちどの部分に命令を加えるべきか、どの部分は道徳に委ねても良いかという評価が前提となっています。時代の違いや国の違いによって、命令の及ぶ範囲は異なっています。このように、法律を「評価規範」として捉えるならば、法律は、命令を及ぼさない部分も含めて「評価」の対象としているという意味で、私たちの世界は法律で覆われていると見ることもできます。この「評価規範」としての法の捉え方は、先ほど紹介したグスタフ・ラートブルフなどによって強調されました。
　一見すると、意見の対立があるようですが、いずれの考え方も正しいといえるでしょう。法律という概念を狭く解釈し、国家権力が命令を下しその違反者に制裁を加えるための道具として捉えるならば、法律が社会を覆う範囲はかなり限定的となります。しかし、法律を国家権力がどの部分に命令を下し、どの部分には命令を下さないのかを評価する道具として捉えるならば、社会はすべて法律で覆われているということができます。

2 | 立法爆発の時代

　法律学では、日本のある特定の時期を「立法爆発の時代」と呼んで、その特徴を分析しています。その時期とは、次のうちどれでしょうか。

① 1945（昭和 20）年から 1952（昭和 27）年までの GHQ による占領時代
② 1955（昭和 30）年ごろから 1973（昭和 48）年ごろまでの高度経済成長時代
③ 1989（平成元）年から 2019（平成 31）年まで（平成の約 30年間）

　正解は③です。確かに①の時期は、社会の仕組みが大きく変わったため、制定される法律の数も多く、毎年平均で 245 ぐらいの法律が制定されました。中でも、1952（昭和 27）年は飛びぬけて立法の数が多く 358 の法律が制定され、その後も毎年のように 100 から 200 ぐらいの法律が制定され続けました。

　この時代は、戦後の民主化に伴う法改正が目立ちますが、それと同時に福祉国家の構築に関わる法改正も多く存在しています。すなわち、自由放任政策が生み出した貧困等の社会課題を解決するために社会保障の充実や雇用の安定を図るもので、経済政策的

には積極的な財政出動を提唱したジョン・メイナード・ケインズ（John Maynard Keynes）の考え方に基づく法改正です。この福祉国家を目指して法律が急増する現象は、一般に「法化現象」と呼ばれています。

しかし、立法が顕著だとしても、その数だけ法律が増えるわけではありません。多くはすでにある法律を改正するものですし、法律の中には役割を終えて廃止されるものや、初めから時間を限って制定されるものもあるからです。

そのため、戦後、日本の法律の総数は1,000をはさんで緩やかに増加する形をとっていました。ところが、平成に入ると、今までにない新しい法律がどんどん制定されるようになり、平成の約30年間で、現行法の数は一気に倍増しました。そのため、この現象を捉えて、③を「立法爆発の時代」と呼んでいるわけです。

いったいなぜこのような状態が生まれたのでしょうか。様々な原因が考えられますが、

①バブル経済の崩壊による経済危機は、長年にわたって日本社会を覆ってきた硬直的なシステムでは乗り切れなかったこと

②東西冷戦が終わり、世界経済が大競争の時代を迎えると、競争を促すために事前の法規制を大幅に緩和することが必要となりましたが、その結果、自由化された新たな経済活動について事後的な紛争解決を定める法律が大量に必要となったこと

③いわゆる55年体制（与党第一党の自由民主党が単独過半数を維持し続ける一方で、野党第一党の日本社会党を中心とする野

党側が憲法改正阻止に必要な３分の１の議席数を保持し続ける
　政治体制）が崩壊したことにより、国会の立法活動が機能する
　ようになったこと
などを挙げることができます。いずれにせよ、日本では、平成の
約30年間に新たな「法化現象」が起こったことになります。

　法を１つの社会現象と見て分析する学問を、法社会学と言いま
す。国会による立法だけではなく、社会の中で各種の団体が生み
出す「生ける法」に着目した、オイゲン・エールリッヒ（Eugen
Ehrlich）や、法が形式的で合理的なものへと発展していく段階
を説いたマックス・ウェーバー（Max Weber）などが切り開いた
学問分野です。
　この分野で「法化現象」の弊害を鋭く指摘したのが、ニクラス・
ルーマン（Niklas Luhmann）とその流れを汲むグンター・トイプ
ナー（Gunther Teubner）でした。ルーマンは、チリの神経学者
であるウンベルト・マトゥラーナ（Humberto Augusto Maturana
Romesín）の提唱したオートポイエーシス・システム論を社会学
に応用したことで知られています。
　オートポイエーシス・システムとは、生物の神経系に見られる
もので、自らを再生産する閉じたシステムのことです。ルーマン
は、社会もまたこうした閉じた部分システムが並存するものだと
考えました。
　ルーマンによると、人間は、無数の可能性に満ちた複雑な世界
の中で選択を迫られるため、その複雑性を縮減することが必要で、

そのために重要な役割を果たすのが選択肢の持つ「意味」だということになります。しかし、人間はその「意味」を自ら決めることはできないと、ルーマンは言います。

　なぜなら、人間のコミュニケーションは相互に依存し合う関係にあるため、選択肢の「意味」は、コミュニケーションの連鎖するシステムが生み出すことになるからです。ルーマンによれば、社会を構成する経済も、法も、政治も、日常生活も、すべてが選択肢の「意味」を生み出す閉じたシステムです。したがって、その中の1つに過ぎない法の世界で「法化現象」が起こると、肥大化した法のシステムが他のシステムを圧迫し、社会全体を歪めるというのが、ルーマンの問題意識です。

　同じく多元的な社会システムを想定するトイプナーは、「法化現象」の抱える問題点を次の3つに整理しました。

　1つ目が、法システムと他の社会システムとの間に生ずる「相互無視」です。いくら他のシステムが望んでも法化が進まないことがある一方で、法化がなされても他のシステムがその規制を受け入れない可能性があるというわけです。

　2つ目は「法の解体」です。他の社会システムからの要望が強すぎる場合には、法が無理やりそれに応じることで法システム自体の自律性が瓦解してしまうといった問題です。

　3つ目はその逆で、法規制による「社会の解体」です。法が強力な介入を行う場合には、他の社会システムが自律性を失い、社会全体が解体されてしまう危険性があるというわけです。

　この最後の問題点は、科学と弁証法的哲学との融合を目指すユ

ルゲン・ハーバーマス（Jürgen Habermas）も指摘しています。ハーバーマスは、現代社会には、貨幣や権力などといった非言語的なものによって合理的かつ効率的に営まれる領域と、言語による自由なコミュニケーションが行われる領域とがあると主張します。法化現象とは、このうち前者が後者を侵食することを意味し、合理性や効率性の過度な要求が人間の自由を侵害する危険性を伴うと強く警告します。

　福祉国家における法化現象を権力論の観点から鋭く分析したのは、ミシェル・フーコー（Michel Foucault）です。フーコーについては、法に関する認識が乏しく「法の排除」を行ったとの評価もありますが、助手のフランソワ・エワルド（François Ewald）は、フーコーが「生権力」と呼んだ新しい権力形態が法と深く結びついていることを明らかにしています。生権力とは、人々を罰する権力でなく、人々を生かす権力です。具体的には、出生率、死亡率、健康水準などの観点から集団に介入し管理・調整する権力形態（これをフーコーは「生政治」と呼びました）で、統計に基づいて算出される平均値や正常値（これらを「ノルム＝規格」と呼びます）を用いて介入を行います。フーコーは、福祉国家においては、法は本来の機能を犠牲にして、ノルムを用いて介入する道具に変容すると分析しています。

　このように「法化現象」は、法が抱える様々な問題点や変容を浮き彫りにします。だからこそ法律を無批判に適用するのではなく、法律それ自体をしっかりと点検しながら用いていく姿勢が強く求められます。

3 ｜ おかしな法律

　法律がすべて合理的に作られているとは限りません。

　19世紀初頭、イギリスでは蒸気自動車が実用化されましたが、1861年から自動車に速度制限が導入されることとなり、1865年にそれが厳格化されました。その内容は次のようなものでした。

　郊外では時速6キロ、市街地では時速3キロの速度制限を課す。自動車を運転する時には、赤い旗を持った人が60ヤード（約55メートル）前を歩いて先導しなければならない。

　この法律（いわゆる「赤旗法」）は、建前上、歩行者らの安全性を確保するための法律と説明されましたが、その真の目的は別のところにありました。蒸気自動車の登場により仕事を奪われた馬車事業者らが、速度制限を課すことで蒸気自動車の普及に歯止めをかけようと画策し、立法を促したというのが真相でした。ロールス・ロイス社の創業者であるチャールズ・スチュアート・ロールズ（Charles Stewart Rolls）らが撤廃運動を行った結果、この悪名高き法律は1896年に完全に廃止されましたが、この約30年の間、イギリスの自動車産業はドイツやフランスに大きく後れをとることになりました。

　新しい技術は、往々にして既得権を奪います。オックスフォー

ド大学と野村総研が2015年に「ＡＩ（人工知能）等の導入によって日本の労働人口の49%の仕事が10年ないし20年以内になくなる」と試算したことは有名ですが、これに反発する既得権者がＡＩの利用を制限するために「赤旗法」のような馬鹿げた立法を促そうとしていないか、点検してみる必要はありそうです。

　目的は合理的でも、法律の作り方が稚拙な場合もあります。ここでは江崎貴裕著『数理モデル思考で紐解くRULE DESIGN―組織と人の行動を科学する―』の中で紹介されている北アイルランドの「再生可能熱インセンティブ（RHI；Renewable Heating Initiative）」の制度を取り上げてみましょう。

　北アイルランド政府は、再生可能エネルギーの普及を促すために、2012年に、暖房に木材ペレットなど再生可能な燃料を使用した場合には、申請をすればそれに要した金額に応じて補助金を受けられる制度を創設しました。しかし、申請者数が伸び悩んだため、2015年に補助金を引き上げ、木材ペレットなどの購入費用を上回る補助金を支給することにしたところ、大幅に申請者が増えました。

　この制度のおかしさは、すぐに分かりますよね。2015年以降は、木材ペレットなどを燃やせば燃やすほど儲かる仕組みになったため、暖房する必要がないのに燃やしては補助金を申請し、燃やしては補助金を申請するといった人が殺到してしまいました。その

55

結果、政府は巨額の補助金を払わざるを得なくなりましたので、この制度を始めたアーリン・フォスター（Arlene Foster）首席大臣（制度導入時は企業相）に対し、連立を組む他の政党が辞任を迫りました。しかし、フォスター首席大臣がこれに応じなかったことから、2017年、内閣が倒れる事態にまで発展しました。

　これらの法律はいずれも不合理ですが、実害は経済的な損失にとどまっています。しかし、法律の定めが人の命にかかわる場合もあります。江戸時代の町触を集めた『正宝事録』には、1702（元禄15）年10月に出された次のようなお触れが載っています。

　橋本権之助という者が犬を殺し、不届きなので死罪にします。

　そうです。皆さんよくご存じの『生類憐みの令』です。この法令は、5代将軍徳川綱吉公が、犬などの生き物を大切にすれば実子を授かるという僧侶のお告げを信じて定めたもので、天下の悪法といわれているものです。
　徳川綱吉公は、長男を5歳で亡くし、後に長女も亡くすことになったため、男子の誕生を強く願っていたという事情がありますが、それにしても、犬の命の方が人の命よりも大事というのは本末転倒の極みです。

　では、このような悪法であっても、一旦制定されれば、私たちはそれに従わなければならないのでしょうか。その答えは、法律

の点検の仕方によって違ってきます。

2017年に倒閣するも、2020〜2021年に再び北アイルランド自治政府首相の座についたアーリン・フォスター（右）。2020年8月、ベルファスト郊外のヒルズボロ城でボリス・ジョンソン英首相と会談。（写真：AFP＝時事）

4 | 道徳に基づく点検

(1) 法段階説

　まずは、点検対象の法律がどのような政策を担っているか、そして、その政策の実現に本当に役立っているのかという法社会学的な観点を一旦括弧に入れて考えてみましょう。

　オーストリア出身のハンス・ケルゼンという法哲学者は、法律は「……すべきである」という当為の体系なので、「……である」という事実をいくら社会科学的に分析しても、法律学に有益な答えは出てこないとする方法二元論を強調し、「純粋法学」という考え方を打ち出しました。それによれば、法令はピラミッドのような構造になっており、下位の規範は上位の規範の中に収まっていることで正当化されると考えられます。これを法段階説といいます。このピラミッドの頂点に立つのが、憲法です。

　この点で最近注目を浴びたのが、いわゆる「性同一性障害特例法」です。この法律は、性同一性障害と診断された方々が性別の変更を行うための要件等を定めるために、2003（平成15）年に議員立法の形で制定されたもので、2004（平成16）年に施行されました。それによれば、戸籍上の性別を変更するには、専門的な知識を持つ2人以上の医師から性同一性障害の診断を受けていることに加え、以下の5つの要件をすべて満たすことが必要とさ

れていました（性同一性障害特例法3条1項）。

① 18歳以上であること
②現に婚姻をしていないこと
③現に未成年の子がいないこと
④生殖腺がないこと又は生殖腺の機能を永続的に欠く状態にある
　こと
⑤その身体についてほかの性別に係る身体の性器に係る部分に近
　似する外観を備えていること

　戸籍上は男性ですが女性として社会生活を送っている性同一性
障害の方が、手術なしで性別の変更を認めるよう家庭裁判所に申
し立てましたが、家庭裁判所も高等裁判所も④の要件を満たして
いないとして変更を認めませんでした。
　そこで、最高裁判所に「手術の強制は重大な人権侵害で憲法違
反だ」として上告したところ、最高裁判所は、④の規定は、治療
としては生殖腺除去手術を要しない性同一性障害者に対して、生
殖腺除去手術を受けることを我慢するか、性別変更を断念するか
という過酷な二者択一を迫るものでるから、憲法違反だとしまし
た。
　④の要件を不要とすれば、例えば生物学上の女性が性別を男性
に変更した後に妊娠し子どもを産むようなことが理論上可能とな
り、親子関係に混乱を来すことが考えられますが、裁判所は、そ
のような事態が起こるのはほぼ皆無であって問題とする必要はな

いとしました。ただ、⑤の要件を満たす必要があるかどうかについては審議が十分に尽くされていないとして、事件は高等裁判所に差し戻されました。

この判決については、性器の外観を残したまま他の性別の生活領域に入り込む可能性を広げたのではないかとの観点から批判の声も上がっています。他方で、まだ⑤の要件については決着がついておらず、仮に性別の転換に⑤の要件も不要と考えたとしても、温泉施設など公衆の利用する場所では、性器の外観によって利用スペースを区分する方法が存続されるべきだとの意見も出されています。

このように性同一性障害特例法の性別転換要件が本当に憲法に違反しているといえるかについては議論の余地があるものの、一般論として、憲法に違反する法律は効力を持たないという考えが採用されていることは明らかです。

(2) 悪法問題

では、この憲法を頂点とした法令のピラミッドに収まってさえいれば、どんなにおかしな法律でも従わなければならないのでしょうか。このいわゆる「悪法問題」は、古代ギリシアの時代から論争の的になってきました。

紀元前399年、すでに70歳になっていたソクラテスは、「神を冒涜し若者たちを堕落させた」罪で死刑を宣告され、自ら毒草

のエキスを飲んで死亡しました。その際、ソクラテスは「悪法も法なり（Dura lex, sed lex.）」という言葉を、言い残したと伝えられています（おそらく後世の誰かが創作したエピソードだと思われますが）。

　私たちは、弟子のプラトンが書いた『ソクラテスの弁明』を通じて、その裁判においてソクラテスが何を語ったのか（ただし、多くはプラトンの創作です）を知ることができます。

　紀元前5世紀の前半、ペルシア帝国との約50年にわたる戦争に勝利したギリシアは、軍事拠点のあったアテナイを中心に繁栄しました。そこにはソフィストと呼ばれる知識人が集まり、有力市民の子弟の出世のために「弁論術」を教えていました。

　これを見たソクラテスは、ソフィストが教えているのは説得の技術にすぎず、真実を教えていないと考えました。そこで、ソクラテスは、ソフィストたちに対し、問いを発しては、その答えについて根拠を問い、さらにその答えについて根拠を問うという「問答法」を実施することで、彼らの知識の浅さを暴露しました。

　ソクラテスは「何でも知っているというのは思い込みで、何も知らないことを知るべきだ」（これを「無知の知」あるいは「不知の自覚」といいます）と説きましたが、これがソフィストらの怒りを買い、彼らの巧みな「告発」によって、くじ引きで選ばれた市民501人の裁判員によって死刑の判決が下されることになりました。

　当時は死刑の判決が下されても逃亡するケースは珍しくなく、

再びその都市に戻らなければ死刑を免れることは可能でした。ところがソクラテスは、悪法によって裁かれるのはおかしいと主張する支援者によって逃げ道が用意されたにもかかわらず、逃げることなく毒盃を仰ぎました。まさに「悪法も法なり」というわけです。確かに違和感のある亡くなり方ですが、もしかするとソクラテスは、人類に向けて永遠の「問答」を仕掛けたのかもしれません。

(3) 自然法論と法実証主義

　この悪法問題の答えとして主張されたのが自然法論です。これは、人間が制定する法律とは別に、時間や空間を超えて存在する普遍的な法（自然法）が存在するという考え方です。この立場からすれば、自然法に違反する悪法は法ではないという結論が導かれます。

　古くは、この世の出来事の背景にはイデアと呼ばれる絶対的な真が存在していると唱えたプラトンが、「善のイデア」の存在を主張しました。その弟子であるアリストテレスは、矯正的正義と分配的正義がともに満たされている状態を自然的正義と呼んで、それを実現するためのルールが自然法だとしました。

　中世ヨーロッパでは、キリスト教と結びついた形で自然法論が展開されました。アウグスティヌス（Aurelius Augustinus）は、神が構想した永久法に従うようにと解き、トマス・アクィナス（Thomas Aquinas）は永久法のうち人間が知り得たものが自然法

であると説きました。

　近代に入ると、神ではなく人間を中心に据えた自然法論が展開されます。グロティウス（Hugo Grotius）は、国と国との戦争を規律する法律はないけれども、それでも守るべきルール（自然法）があることを唱えました。また、カント（Immanuel Kant）は、この世の中には人々が無条件で受け入れなければならない普遍的な命令（定言命令）があるとし、それを「汝の意志の格率が、常に同時に普遍的立法の原理として通用するごとくに行為せよ」という言葉で表現しました。近代の啓蒙思想家として有名なトマス・ホッブス（Thomas Hobbes）やジョン・ロック（John Locke）も自然法論者です。ホッブスは『リバイアサン』の第14章・第15章で19個ないし20個の自然法を列挙していますし、ロックは『統治二論』の中で、各人が自然法の範囲内で自らの行動を律する自由な状態を自然状態と想定しました。

　第二次世界大戦が終わるとナチスが制定した数々の悪法が問題視されるようになりましたが、ラートブルフは、法律と正義の矛盾が耐えがたい程度に達している時、法律は正義に道を譲らなければならず、法律は無効となるとのテーゼを打ち出しました。

　ちなみに、カントを批判的に継承することでドイツ観念論を完成させたゲオルク・ヴィルヘルム・フリードリヒ・ヘーゲル（Georg Wilhelm Friedrich Hegel）は、その主著である『法の哲学』に「自然法及び国家学概要」という副題を付けています。

　ヘーゲルは、「正―反―合」の図式で知られる弁証法を用いながら、壮大な自由の哲学を構築したことで知られています。まず

テーゼ（正）として抽象的な自由が把握され、それが自らを否定するアンチテーゼ（反）に出会うと、それを原動力に両者がアウフヘーベン（止揚）され、ジンテーゼ（合）として、制度等に裏打ちされたより現実的な自由を生み出すというわけです。

　具体的に言うならば、社会的制約として生み出された法は、それを否定する個人の道徳感情と出会うことで、より高度な人倫を生み出します。また、家族の中で庇護されている個人が、欲望の体系である市民社会と出会うことで、国家を生み出すといった具合に考えるわけです。

　こうした弁証法的な発展を遂げながら人類は自由を高度化し、最終的には絶対精神に到達すると、ヘーゲルは主張します。この議論は、社会制度全体というマクロの場面で伝統的な自然法論と国家学を弁証法的に止揚する理論を打ち出していますが、これによって人間生活のミクロの場面で法と道徳の問題がどのように解決できるのかは必ずしも明らかではありません。

　こうした自然法論を真っ向から批判する立場が法実証主義です。

　すでに紹介したように、ハンス・ケルゼンは、「……である」という事実と「……であるべきだ」という主張とを区別する方法二元論を貫きましたので、現にある法律以外に、あるべき法律を考える自然法論を批判しました。

　英語圏で法律実証主義を確立したのは功利主義の元祖であるベンサムであり、その流れを汲んで現代の法律実証主義の基礎を固めたのが、すでに述べたハートです。

ハートは、法とはルールの体系であると考えます。この世の中には人々に一定の行為を命じたり禁止したりするルールがありますので、ハートは、これを第一次的ルールと呼びました。

　しかし、これだけだと何が第一次的ルールなのか、どうすれば第一次的ルールを変更したり廃止したりすることができるのか、第一次的ルールに違反した人に対してどのように制裁を加えるのかが全く分かりません。

　そこで、第一次的ルールを承認するルール、変更するルール、裁定するルールが生まれることになり、ハートは、これを第二次的ルールと呼びました。こうした考え方から、ハートは、承認のルールに適合している限り、それらはすべて法律であって、その内容が道徳的に正しいかどうかは関係がないという結論を導きました。

　ただし、ハートは、法律であれば何が何でも従わなければならないと主張したわけではなく、個々の人間が道徳的に邪悪だと考える法律に従わない可能性を認めています。ただ、そうした行為を処罰すべきかどうかは、法律の外にある自然法によって決めるのではなく、あくまでも法律の中で決定されるべきだと考えたわけです。

（4）　ハートとフラーの論争

　法的思考における自然法論と法実証主義は、現在でも鋭く対立しています。その１例として、自然法論を唱えるＬ・Ｌ・フラー

（Lon Lovius Fuller）がハートと繰り広げた論争を見てみましょう。
きっかけは、1949年の密告者事件でした。

　これは、ナチスの行為に関する戦後処理を扱った事件です。戦時中に一時帰宅した夫がヒトラーの死を望むような言葉を口にしました。夫の出征後、他の男性と通じていた妻がこのことを軍に密告したところ、夫は、ナチス党指導者に「公然と」敵意を示すことを禁じた「敵意の法律」に違反した罪で、軍事裁判にかけられました。
　妻が法廷で証言したことから、夫は死刑判決を受けましたが、後に前線の戦闘地域に送られました。戦後、妻は、夫と別れるためにナチスの「敵意の法律」を利用したとして、「違法に他人（ここでは夫）の自由権をはく奪する罪」（これはナチスが作った罪ではなく、古くからドイツに存在している罪です）を犯したとして有罪判決を受けました。

　ハートは、この判決を題材として、妻が密告した行為は適法な行為だったのかという問題を提起しました。言い換えれば、妻が密告した時点で、ナチスが密告を勧めた「敵意の法律」は有効だったのかを問題にしたわけです。
　確かに妻が密告した動機は不純ですが、仮に夫の行為が「敵意の法律」に違反していたのであれば、結果として夫の自由権が奪われたとしても、それは自業自得であって、妻の密告は正当化されることになるからです。

この点について、自然法論者であるフラーは、「敵意の法律」は自然法に反するもので、当時から効力を有していなかったと主張しました。つまり、妻の密告を正当化する余地はなく、有罪となって当然だというわけです。

　それに対し、ハートは、「敵意の法律」を有効だったと考えた方が問題の本質に迫ることができると反論しました。当然のことながら、「敵意の法律」がある以上それにしたがった妻を罰することはできません。一方で、「敵意の法律」が存在しない戦後の法秩序の下で妻が同様の行為を行えば、違法に他人の自由権をはく奪する行為に当たる可能性は高いと考えられます。

　ただし、刑罰を科す場合には、行為の時点の法秩序を前提にすべきであって、後から作られた法秩序を遡（さかのぼ）って適用することは許されないのが原則です（これを法律不遡及の原則といいます）。

　そうだとすると、ここでの問題の本質は、妻の悪行を放置する悪と、戦後の法秩序を遡って適用する悪を比較衡量することにあると、ハートはいいます。もしも妻を罰する法律が、戦後になって初めて作られたものだとするならば、それを遡及適用する悪は大きいことになるでしょう。

　しかし、妻を罰することになる「違法に他人の自由権をはく奪する罪」は古くから存在していたもので、戦後に制定された罪を遡って適用するわけではありません。一方で、法律を利用して故意に夫を殺そうとした妻の悪行は罪深いものだと考えるならば、妻は罰せられるべきだという結論が導かれることになります。

　どちらの立場を支持するかは皆さんにお任せしますが、本書は、

法実証主義を支持する立場です。その理由は、絶対悪を想定する自然法論は時として硬直的な思考方法に陥るからです。それに対し、法実証主義は、優れた「解釈」を駆使できさえすれば柔軟な解決が可能であり、価値観の多様化が進む社会に相応しいと考えられます。

5 | 多数決のパラドックス

　悪法でなければ、どんな法律も合理的だといえるわけではありません。多くの利害関係者に納得してもらおうと考えたルールでも、作り方を間違えると、とんでもない結果を招くことがあるからです。次の例を考えてみましょう。これは、道垣内正人著『自分で考えるちょっと違った法学入門（第3版）』で提起された問題を参考に、私が新聞のコラムを書く際に簡略化したものです（東京新聞・中日新聞2014年2月19日夕刊「多数決のパラドックス」）。

　5階建てのマンションで、エレベーターの改修費の負担が議論となりました。普段エレベーターを使わない1階の住民は費用の負担を拒みましたが、5階の住民は均等割りを主張しました。多数決で決めようということになり、過半数では住民にしこりが残るので、5分の4の多数が賛成する案に従うことになりました。この方法は、合理的な結論を導くことにつながるでしょうか。

　一見良さそうに見えますが、例えば腹を立てた5階の住民が1階の住民だけが負担すべきだと提案すれば、費用を負担したくない他の階の住民の思惑が一致し、1階の住民だけが負担する案が5分の4の賛成を得る事態が起こります。

　このように、多数決という手段は常に合理的な結論を導くとは

限らないことを知る必要があります。

　ちなみに、多数決のパラドックスはほかにもあります。

　ここにA・B・Cの3つのゲームがあるとします。遊ぶゲームの順番を、甲・乙・丙の3人が多数決で決めることにしました。

　甲が好きなゲームの順番はA→B→Cで、乙はB→C→A、丙はC→A→Bの順番だとします。

　ゲームを2つずつのペアにして、どちらを選ぶか投票する方法を採った場合、A・Bのペアでは甲と丙がAに投票し、乙がBに投票しますので、2対1でAが勝ちます。次にB・Cのペアで投票を行うと、甲と乙がBに投票し、丙がCに投票しますので、2対1でBが勝ちます。つまり、AよりBが、BよりCが弱いことになりますので、ここで止めればA→B→Cの順番ということになります。はたして、この結果は妥当なのでしょうか。

　続けて、A・Cのペアで投票を行ってみてください。そうすると、乙と丙がCに投票し、甲がAに投票することになるので、2対1でCが勝ってしまいます。

　つまり、このケースでは、投票の仕方によって結果がコロコロ変わってしまうのです。ここでもまた、多数決で決まったのだからという主張の危うさが見え隠れしています。

　このように、一見良さそうに見えるルールでも、常に合理性の観点から点検することが求められます。

6 │ 「法と経済学」に基づく点検

　法律は、事後的には紛争を解決する手段ですが、あらかじめその解決方法を示すことで、人々の行動を変化させるインセンティブ・メカニズムでもあります。そのため立法する際には、どのような行動を促すかを考えることが重要になります。ルーマンのシステム論に即して述べるならば、法のシステムが他の社会システム、とりわけ経済システムにどのような影響を及ぼすかを分析することが大事だということになります。

　この点について従来は、法律家の直感に基づいて評価するのが一般的でしたが、近時は、経済学の手法を用いて分析する方法が重視されています。

　法律論は、どうしても当事者間の利害調整を重視することになります。しかし、希少性のある資源を効率よく配分するという経済学的観点からすれば、滅多に発生せず、しかも社会的に吸収可能な損害であるにもかかわらず、その撲滅に多額の費用をかけることは、社会的制度として「非効率」であると考えられることになります。

　また、近時の経済学では、ゲーム理論や行動経済学の分野で、人がどのようなインセンティブで行動するのかを分析する手法が精緻化されています。こうした知見は、法律家の直感を正当化したり、逆に誤解を暴いたりするのに有益だと考えられています。

次の事例を考えてみましょう。

　交通事故を起こすと100万円の損害が出ると仮定します。
①運転手が安全装置を1つも装備せずに運転する場合（事故防止費用がゼロの場合）には、25％の確率で事故が起こるとします。
②運転手が安全装置に10万円の費用をかけると事故の確率は10％になりますが、
③それを5％に引き下げるには、総額で18万円の事故防止費用が必要だとしましょう。

　事前に事故防止にどれだけ注意を払ったかは、事故が起こった時の過失の認定に影響してきます。ここでは、①は重い過失、②は軽い過失、③は無過失と認定されると考えてください。

　このような場合において、事故の発生を最小化するためには、次のいずれの立法が望ましいでしょうか。

　　ア．事故が起こった時には、無過失の場合でも運転手に責任を負わせる（無過失責任主義）

　　イ．事故が起こった時には、過失がある場合に限って運転手に責任を負わせる（過失責任主義）

　表1を見てください。期待損害額というのは、事故が起こった時の損害（100万円）に事故の発生確率をかけたものです。つまり、確率論的に見た社会的損失の想定額ということができます。

　まずはアの立法を考えてみましょう。この場合、運転手は①②③のいずれのケースでも責任を負うことに変わりがありませんの

で、運転手個人が負担する総費用は社会的総費用と一致することになります。したがって、運転手は、総費用が最も安い②のケースを選択するものと考えられます。

それに対し、イの立法の場合、③のケースでは運転手は無過失ということで損害を賠償しなくて済むことになりますので、運転手個人の負担する総費用は18万円に下がります。したがって、運転手は、自らが負担する総費用が最も安い③のケースを選択するものと考えられます。

表1　各ケースの社会的総費用

ケース	損害防止費用	損害発生確率	期待損害額	運転手の総費用		社会的総費用
				立法ア	立法イ	
①	0万円	25%	25万円	25万円	25万円	25万円
②	10万円	10%	10万円	20万円	20万円	20万円
③	18万円	5%	5万円	23万円	18万円	23万円

そうだとすると、この事例では、損害発生率が最も低いケース③が選択されるのは、立法イ（過失責任主義）の場合だということになります。この結論を意外に思われた方は多いでしょう。なぜなら、私たちは、過失責任よりも無過失責任の方が重いので、事故が頻発するような場合には無過失責任を負わせて厳しく責任を追及した方が事故を予防できると考えがちだからです。

もちろん、数字を変えれば、立法アの場合でも損害発生率の一番小さなケース（③）が選択される事例を作ることもできますし、

立法イの場合でも損害発生率の高いケース（①ないし②）が選択される事例を作ることもできます。

　しかし、一般に損害防止費用は①＜②＜③の順に高くなるので、無過失責任主義よりも過失責任主義の方が事故発生率の低いケースを選択する事例が多くなる、ということができそうです。

　では、この結論を経済学の観点から見た場合、どのように評価できるのでしょうか。希少な資源を効率的に配分することを重視する経済学の観点からすると、社会的総費用が最も少ないケースが選ばれることが望ましいと考えることができます。そして、この要請に常に応えるルールは、社会的総費用と運転手の総費用が一致する立法ア（無過失責任主義）だということができます。

　ここで注意しなければならないのは、すでに述べたように、事故発生率を下げる効果を持つのは立法イだったという点です。

　つまり、事故発生率を下げることだけを目的に議論していると、場合によっては、社会全体として非効率な資源の配分を行うことになるわけです。一般に、膨大な費用をかけてリスクを封じ込めようとする施策に対して、「ゼロリスクはない」との批判が加えられますが、その背景にはこうした利害状況が存在しています。

　以上のように、「法と経済学」に基づく法律の点検は、法律家の直感とは異なる内容を持つことがあり、そこに新たな議論が生まれることになります。

7 | ゲーム理論に基づく点検

　独占禁止法には、事業者が、自ら関与したカルテルおよび入札談合について、その違反内容を公正取引委員会に自主的に報告すれば、課徴金を減免する制度があります。これをリニエンシーといいます。具体的には、表2のように、報告の順位に応じた減免率に、事件の真相解明に役立った協力度合いに応じた減算率を加えた減免率の分だけ、課徴金が安くなります。

表2　リニエンシー減免率

調査開始	申請順位	申請順位に応じた減免率	協力度合いに応じた減算率
開始前	1位	全額免除	
	2位	20%	＋最大40%
	3〜5位	10%	
	6位以下	5%	
開始後	最大3社（注）	10%	＋最大20%
	上記以下	5%	

（注）公正取引委員会の調査開始日以後に課徴金減免申請を行った者のうち、減免率10%が適用されるのは、調査開始日前の減免申請者の数と合わせて5社以内である場合に限る。

この制度の下では、次のような事態も起こります。

　ある商品についてＡ社・Ｂ社・Ｃ社の大手３社が市場をほぼ独占している状態になっています。Ａ社の主導の下、３社で話し合い、商品の価格を決めたとします。これを価格カルテルといいます。結果として、健全な価格競争が行われず、消費者は高い買い物をさせられることになりますので、カルテルを禁止した独占禁止法の規定に違反するものとして、課徴金を課されることになりました。この事件で、仮に公正取引委員会の調査が開始する前に、Ａ社がカルテルの事実を報告した場合には、首謀者であるにもかかわらず、Ａ社だけが課徴金を全額免除される可能性があります。なぜこのような制度が認められるのでしょうか。

　この制度の合理性は、一般にゲーム理論に基づいて説明されます。ここでは、甲社と乙社という２つの会社が談合したと考えてみましょう。

　両社が黙秘しても、談合が発覚する確率をｐとします。そして、談合が発覚した時に課される課徴金の額をｘとします。この状況下で、仮に甲社が、公正取引委員会が調査を始める前に自主的報告を行い、乙社が一貫して黙秘を続けたとするならば、甲社の課徴金は全面的に免除されます（０になります）が、乙社は課徴金全額を支払わなければなりません（-ｘ）。甲社と乙社が逆の行動に出る時は、結果は逆になりますが、考え方は一緒です。それに対し、両方が黙秘した場合には、発覚しなければ両社とも課徴金

を免れます（0になります）が、pの確率で発覚し、その場合には両社ともに課徴金xを支払うことになりますので、その課徴金の負担可能性はpxという形で表すことができます。他方で、両社がともに公正取引委員会の調査開始前に報告しましたが真実解明への協力度合いは認められなかった場合、先に報告すれば課徴金は全額免除になりますが、2番目になれば80％の課徴金が課される（20％減額される）ことになります。そして、それぞれの確率は50％ずつですので、いずれの会社も課徴金の負担可能性は0.4（＝0.5×0.8）xとなります。

これを表した表3を見てください。

表3　甲社・乙社の利益表

甲社＼乙社	黙秘	報告
黙秘	-px	-x ／ 0
報告	-x ／ 0	-0.4x

この利益表を見てみると、甲社にとっては（黙秘、黙秘）の状況よりも、自ら報告して（報告、黙秘）にした方が利益を改善できますし、もし自分が報告しないでいるうちに乙社が報告してしまうと大きな損が出ますので、急いで報告しようとするインセンティブが働きます。

同様に乙社にとっても（黙秘、黙秘）よりも（黙秘、報告）にした方が利益が改善し、損失を回避できますので、結局は両社が（報告、報告）の状態を選ぶことになります。この（報告、報告）の状態は、甲社も乙社も自力では利益を改善できないことを意味しますので、この状態で固定されます。このように、いずれの当事者も自力では利益を改善できない状況のことを、ゲーム理論ではナッシュ均衡といいます。つまり、この利益表では（報告、報告）がナッシュ均衡になるわけです。

　しかし、もしもｐが0.4よりも小さい場合には、本当は（黙秘、黙秘）を選択することが両社にとって望ましいわけですから、各人が自身の利益を求めた結果、両社にとって望ましくない結果を生んでいることになります。こういう状況を、ゲーム理論では「囚人のジレンマ」と呼びます。

　このようにリニエンシーの制度は囚人のジレンマを取り入れた構造を持っていることが確認できます。このジレンマは、自発的な報告を促す効果を持つ点で、処罰の可能性を高めるといった合理性を持ちます。さらにいえば、こうした不合理なジレンマに陥らないために、談合自体を思いとどまろうというインセンティブをもたらす点にも、リニエンシーの合理性が認められます。

8 | 行動経済学に基づく点検

　行動経済学の代表的な知見として、プロスペクト理論があります。本来、①１万円を得る喜びと、②１万円を損する痛みとは数学的には等価値のはずですが、認知心理学の研究によって、②の苦痛の方が①の快楽よりも２倍以上価値が大きいことが分かっています。

グラフ１　プロスペクト理論の価値関数

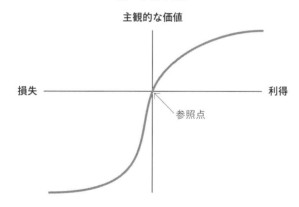

　そのため人は、通常は、損失を回避する行動に出る傾向を持つのに対し、一旦損を出してしまうと「それを取り戻そう」と考え、むしろリスクの高い行動に出る傾向があるというのが、この理論の主な内容です。これを踏まえて、会社の取締役の責任に関する次のルールを検証してみましょう。

今、ある会社が新規事業に乗り出そうとしています。それに成功すれば、取締役には成功報酬として会社の獲得した利益の10％が与えられることになっています。会社経営は必然的にリスクを伴うものですが、他社が回避しているリスクを果敢に取りに行かないと収益が得られませんので、そうした取締役の冒険的な経営判断を奨励することが必要になります。

　しかし、民事責任に関する一般原則によれば、取締役は、平均的な取締役と同様の経営判断をしなければ（あえて冒険的な経営判断をすれば）注意義務に違反したものとして責任を問われることになります。この一般的な善管注意義務のルールが適用されるとした場合、取締役は次のいずれの経営判断を選択することになるでしょうか。

① 100％の確率で10億円の利益が出る（取締役は1億円の報酬を得る）経営判断

② 90％の確率で15億円の利益が出る（取締役は1.5億円の報酬を得る）が、10％の確率で1億円の損害が出る（取締役は1億円の損害賠償責任を負う）経営判断

　取締役が①を選んだ場合の期待収益額（予想収益額にそれが獲得できる確率をかけたもの）は

　　　1億円×1.0 ＝ 1億円

です。

　一方、②を選んだ場合の期待収益額は

　　　1.5億円×0.9（＝1.35億円）－ 1億円×0.1（＝0.1億円）

＝ 1.25 億円

ですので、②の方が高いことは明らかです。

　しかし、プロスペクト理論からすれば、損失の可能性がある②
は回避され、損失の可能性のない①の方が好んで選ばれる可能性
が高いと考えられます。

　そこで最高裁判所は、取締役の経営判断に関しては、一般原則
とは異なる基準を用いることにしています（最高裁平成 22 年 7
月 15 日判決）。

　「将来予測にわたる経営上の専門的判断」については、「その決
定の過程、内容に著しく不合理な点がない限り」取締役は責任を
負う必要はない、というのが最高裁の基準で、これを「経営判断
の原則」といいます。

　これによれば、②の選択が「著しく不合理」でないことさえ確
認できれば、②を選択した結果として会社に損害が出たとしても
取締役は責任を負う必要がありませんので、その期待収益額は
1.35 億円に上昇します。しかも、取締役にとっては収益がゼロ
になる可能性があっても損害賠償を払う必要はなくなりますので、
②を選択しやすくなると考えられます。

　問題は、会社の業績が悪化し、債務超過の状態に陥ったため今
にも倒産しそうな場合でも、この経営判断の原則を適用すべきか
という点にあります。すでに述べたように、プロスペクト理論に

よれば、すでに損害が出ていますので、取締役は、それを取り返そうと、放っておいてもリスクの高い経営判断を行う可能性があります。

　実は、株主の側も、有限責任しか負わない仕組みになっていますので、すでに株価が限りなくゼロに近づいている状態では取締役のリスクの高い経営判断を止めるインセンティブが働きません。しかし、会社にお金を貸している銀行等にとってみれば、まだ資産が残っているうちに、民事再生手続き等に移行してもらった方が借金の回収率が高くなる可能性があります。そのため、このような状況における取締役の経営判断について、冒険を奨励するための「経営判断の原則」を適用することは望ましいのか、議論の余地が生まれることになります。

　このように行動経済学の知見は、従来の制度や判例に対して、新たな視点から問題提起をするのに役立つものと考えられています。

9 | 実証研究に基づく点検

　立法の点検の仕方として、最近急速に注目を集めているのが実証研究です。社外取締役制度を例に、その有用性について検討してみましょう。

　東京証券取引所のプライム市場に上場している株式会社は、会社法上、少なくとも1人の社外取締役を選任することが義務付けられています（会社法327条の2）。また、上場規程であるコーポレートガバナンス・コードによれば、プライム市場に上場している株式会社は、取締役の3分の1以上を独立社外取締役（会社法上の社外取締役よりも要件が厳格）にすべきだ【原則4-8】とされており、これを遵守しない場合には、なぜ遵守しないのかを説明するように求められます。これらを受けて、2023年7月31日時点では、プライム市場に上場している株式会社のうち、99.2％が2名以上の独立社外取締役を選任しており、95.0％が取締役の3分の1以上の独立社外取締役を選任するに至っています。

　こうした社外取締役制度について「法と経済学」の視点からは、次のようにその有用性が説明されています。株主と経営者との間には、経営者が株主の利益よりも自分の利益を優先してしまう危険性が潜んでいます。例えば、合併先を決めるケースを考えてみ

ましょう。Ａ社の方がＢ社よりも合併による相乗効果が期待できるため、Ａ社の方がＢ社よりも株主に有利な合併条件を提示していますが、Ａ社は現経営者の退陣を求めているのに対し、Ｂ社は残留を認めているとしましょう。

　この場合、効率的で株主のためになる選択はＡ社との合併であることは言うまでもありませんが、経営者はＢ社との合併という非効率な選択をしてしまう可能性があります。ほかにも、事業からの撤退などの場面でも同じような問題が起こります。株主の立場からすれば、すでに収益性が乏しくお荷物になっている事業からは一刻も早く撤退してもらうのが望ましいわけですが、その事業を苦労して始めた経営者の思い入れが撤退のタイミングを遅らせてしまい、非効率な状況が継続してしまうといった問題も起こります。

　こうした株主と経営者との間に生まれる構造的な利益相反をエージェンシー問題といいますが、ここに独立した社外取締役が介在すれば、現経営陣の非効率な選択を阻止することができ、企業価値の向上につながるというわけです。

　しかし、これまで行われた数々の実証研究のデータを見る限り、社外取締役の存在が企業価値の向上につながっているのかどうかについては、はっきりとした結論は得られていません。一見すると社外取締役の存在が企業価値の向上につながっているように見える場合でも、実は、企業価値の高い企業ほどガバナンス改革に熱心で社外取締役の導入にも前向きなだけかもしれないからです。

つまり、企業価値の高さが社外取締役の導入を促すという形で、因果関係が逆になっている可能性があるわけです。

　ほかにも、例えばアメリカの商品やサービスを買い付けて日本で販売する企業が、収益性を上げるためにアメリカナイズされた人材を集めている場合、そうした企業特性が、企業価値の向上のみならず、アメリカで主流な社外取締役制度の導入に積極的な考え方を生んでいる可能性も考えられます。このように企業特性のような外部の要因（これを交絡因子といいます）が社外取締役の導入と企業価値向上との両方に影響を与えることで因果関係に揺らぎ（内因性）が生じている場合には、様々な統計学上の手法を用いることで交絡因子を取り除くことが必要になります。しかし、それらを駆使しても、社外取締役と企業価値向上の間には、必ずしも統計的に優位な関係は見つかっていません。

　現在、分かっているところでは、社外取締役を新規に導入した会社の企業価値は向上する傾向があるものの、その後、社外取締役のお陰で企業価値が向上するといった傾向はつかめていないといえるでしょう。

　このように、頭で考えた制度が本当に役に立っているのかどうかを知ることはきわめて重要で、そのためには実証研究が効果的な武器になります。

10 | 立法趣旨・立法事実の重要性

（1） 立法趣旨を理解する

　まずは、次の条文を見てください。これは、いわゆる「どぶろく」（自家製酒）を禁止した規定ですが、この条文を定めた趣旨はどこにあると思いますか。

　製造免許を受けないで、酒類、酒母又はもろみを製造した者は、十年以下の懲役又は百万円以下の罰金に処する。

　多くの方は、誤った製法で酒類等を製造すると健康を害するおそれがあるので、それを防止する趣旨だと思われたのではないでしょうか。

　しかし、この条文は、厚生労働省や消費者庁が所管する法律ではなく、財務省が所管する酒税法54条に定められていますので、その趣旨は、健康被害の防止ではなく、税金がからんでいると考えなければなりません。この疑問を解く鍵は、酒税を引き上げる度に「どぶろく」の規制が強化されてきたという事実にあります。農家などが「どぶろく」を造っていても課税当局はそれを完全に把握できませんでしたので、酒税を払う酒蔵や酒造メーカーから「不平等だ」との文句が出ていました。そのため、酒税を上げよ

うとすると「自分たちだけ利益が下がり、『どぶろく』を造っている農家などが得をするのは許せない」との反発を招いていたのです。

　そこで課税当局は、税金を課すのが難しい「どぶろく」の製造を禁止してしまえば、不平等は解消されますし、その分、酒蔵や酒造メーカーの売り上げが伸びますので、酒税の引き上げに応じてくれるのではないかと考えたわけです。

「どぶろく」の禁止がこのような趣旨であることは、最高裁判所も認めているところです。これは「どぶろく」規制に反対していたある人物が、憲法違反であると主張するために、わざと騒動を起こし酒税法違反で起訴された事件です。最初は、自宅で開いた「どぶろく」の試飲会に国税庁長官を招待したのでマスコミに注目されましたが、警察に「どぶろく」を没収されたものの、起訴はされませんでした。そこで次に、銀座で自家製ビールを配ったところ、ようやく起訴され、最高裁判所まで争いました。これを受けて最高裁判所は、次のように判示しました。

　酒税法の右各規定は、自己消費を目的とする酒類製造であっても、これを放任するときは酒税収入の減少など酒税の徴収確保に支障を生じる事態が予想されるところから、国の重要な財政収入である酒税の徴収を確保するため、製造目的のいかんを問わず、酒類製造を一律に免許の対象とした上、免許を受けないで酒類を製造した者を処罰することとしたものであり、これにより自己消費目的の酒類製造の自由が制約されるとしても、そのような規制

が立法府の裁量権を逸脱し、著しく不合理であることが明白であるとはいえ（ない）……。

　最高裁判所も、どぶろくの禁止は税金を取るためだとはっきり言っていますね。このように、条文の趣旨を理解することは必ずしも簡単ではありません。
　中には、条文の趣旨が途中から変わってしまった例もあります。

　銀行法13条1項は「銀行の同一人に対する信用の供与等の額は……当該銀行の自己資本の額に政令で定める率を乗じて得た額（以下この条において「信用供与等限度額」という。）を超えてはならない」と定めています。
　この条文は何のために設けられているのでしょうか。

　これは銀行の大口信用供与規制と呼ばれているもので、簡単にいえば、同じ人に対する融資等に上限を設けた規定です。この規定の主な趣旨は、特定の人に偏った形で多額の融資等を行うと、その借主が万一倒産するようなことになれば、銀行の経営も傾く危険性があることから、分散して融資等を行うことを命じるものだと説明されています。つまり、銀行の貸倒れのリスクを分散する趣旨（これを「銀行の健全性確保」または「銀行のプルーデンス規制」といいます）の規定だと解釈されています。
　しかし、制定当初は、全く別の趣旨で設けられた規定でした。
　現在の大口融資規制は、1982年に行われた銀行法の全面改正

の際に法制化されたものです。しかし、歴史をひも解いてみると、古くは1872年の国立銀行条例や1890年の銀行条例に同様の規定があったことが分かります。

その当時は、融資を受ける手段が限られていたにもかかわらず、銀行がどうしても優良な企業にだけ貸したがっていたことから、融資に上限を設けることで、幅広く企業や個人に融資が行われるようにすることに主眼が置かれていました。これを「銀行信用の分散」と呼んでいます。

この規制は評判が悪く、1895年の銀行条例改正で削除されてしまいました。その後、1972年の大蔵省通達によって復活し1982年に法制化されたわけですが、そのころには、すでに多様な金融機関によって融資の道が開かれていたことから、「銀行信用の分散」といった趣旨は後退し、「銀行の健全性確保」に主眼が置かれるようになったわけです。

このように立法趣旨を理解することは意外と難しい作業です。でも手がかりはあります。それが立法事実です。

（2）　立法事実を確認する

　行政に関する法分野を研究していた、ケネス・C・ディビス（Kenneth Culp Davis）は、1941 年にハーバード・ロースクールの機関誌に行政手続きに関する論文を書き、法律学における「事実」を「司法事実（adjudicative facts）」と「立法事実（legislative fact）」とに区別しました。司法事実とは、具体的な裁判で判決を下す際に前提とした事実のことです。それに対し、立法事実とは、法令を定める際にその合理性を示すために前提とされる事実のことです。

　これが注目されるようになったのは、アメリカのある裁判です。オレゴン州が女性の労働時間を 10 時間に制限する法律を制定したところ、これに違反したとして起訴された女性がこの法律は憲法違反だとして争いました。

　州政府は、後に連邦最高裁判所判事となったブランダイス弁護士に上告趣意書の起草を依頼したところ、100 ページを超える文書が提出されました。これまでの慣例では、基本的人権の制限をめぐる法律論を長々と展開するのが一般的でしたが、ブランダイス弁護士が法律論を展開したのはわずか 2 ページほどで、残りはすべて 10 時間を超えて働くことが女性に与える影響についての科学的なデータでした。

　こうした手法が画期的だったため、この上告趣意書のことをアメリカの法律家は「ブランダイス・ブリーフ」と呼んで賞賛しています。これ以降、アメリカでは、立法の合理性は頭の中で考え

る法律論ではなく、実証的データによって基礎づけられなければ
ならないという考えが定着しました。

　このように立法事実は、法律の合憲性を審査する際に重要な役
割を果たすことになります。わが国でも、ある法律の合憲性を判
断する場合には、①目的の正当性を示す立法事実と、②その目的
を達成する手段として相当であること（制約される人権が重要で
あればあるほど、また、制約する目的が消極的であればあるほど、
その制約手段は必要最小限度である必要があります）を示す立法
事実によって検証されることになります。

　具体例で考えてみましょう。新たに薬局を開設するには、すで
に存在する薬局との間に一定の距離を置かなければならない（近
い場所に薬局を開設できない）ことを定めた旧薬事法の規定が憲
法違反かが争われた事件で、最高裁判所は、≪薬局の一カ所集中
⇒一部薬局の経営不安定化⇒医薬品の貯蔵その他の管理上の不備
⇒不良医薬品の供給⇒国民の生命・健康への危険≫といった立法
事実の説明は、「単なる観念上の想定にすぎず、確実な根拠に基
づく合理的な判断とは認めがたい」と判示しました。そうした論
理を基礎づける実証的なデータが不十分だというわけです。

　以上の点を踏まえて、次の主張を考えてみましょう。貴方は、
この意見に賛成ですか。

　闇バイトで集められた未成年者が特殊詐欺の受け子などをして

逮捕されるケースが増えています。これに限らず、少年犯罪が増えているのは、逮捕されても大人と同じ刑事罰は科されないと思い込み、軽い気持ちで犯罪に手を染めているからなので、少年犯罪をより厳罰化すべきです。

　わが国では、すでに2022年4月1日から改正された少年法が適用されています。それによれば、18歳、19歳の「特定少年」にも少年法が適用され一旦は全件家庭裁判所に送られますが、これまでは原則として検察官に送致（逆送）されるのは16歳以上の少年の時に犯した故意の犯罪行為によって、人を死亡させた場合に限られていたのに対し、特定少年については、死刑や無期に当たる場合はもちろん1年以上の懲役または禁錮（2025年6月1日からはこれらを合わせて「拘禁刑」と呼びます）に当たる場合も、原則として検察官に逆送されることになりました。

　そして、逆送後は、有期刑の上限などについて20歳以上の者と同様に扱われることになりました。この改正に対しては、成人年齢を18歳に引き下げたのだから、18歳、19歳の少年を「特定少年」と呼んで少年法を適用するのはおかしい（大人と同様に厳罰に処すべきだ）という反対意見も、少なからず存在しています。

　では、そうした厳罰化を求める意見を正当化する立法事実はあるのでしょうか。グラフ2をご覧ください。これは、少年が刑法犯や危険運転致死傷・過失運転致死傷などで検挙された件数を表したグラフですが、1980年代初頭をピークに少年犯罪は減少し

ていることが分かります。

　少子化で少年の数が減っているからではないかと思われる方は、グラフ2の折れ線グラフ（点線）を見てください。これは10歳以上の少年10万人当たり検挙者数を表したものですので、人口減少に関わりなく、少年犯罪が減少傾向にあることが分かります。

　2013年以降は、20歳以上の者10万人当たりの検挙者数を下回るようになっており、少年犯罪の減少傾向は顕著であるということができます。したがって、少年犯罪が増えていることを根拠とする少年犯罪の厳罰化の議論は、立法事実を欠いていると言わなければなりません。

グラフ2　少年による刑法犯等の検挙人員・人口比の推移

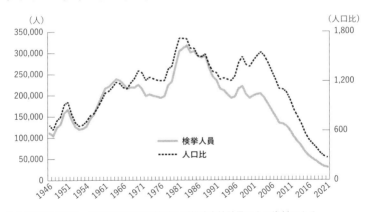

注1　警察庁の統計、警察庁交通局の統計及び総務省統計局の人口資料による。
注2　犯行時の年齢による。ただし、検挙時に20歳以上であった者は、20歳以上の者として計上している。
注3　触法少年の補導人員を含む。
注4　1970年以降は、過失運転致死傷等による触法少年を除く。
※法務省法務総合研究所『犯罪白書（令和4年版）』より作成

では、なぜ私たちは、少年犯罪が増えているように錯覚するのでしょうか。

　我が国でも翻訳本がベストセラーになったハンス・ロスリング（Hans Rosling）ほか著／上杉周作・関美和訳『ファクトフルネス』では、私たちの社会の見方がいかに思い込みに支配されているかが示されています。

　同書では、分断本能、ネガティブ本能、直線本能、恐怖本能、過大視本能、パターン化本能、宿命本能、単純化本能、犯人捜し本能、焦り本能がもたらす思い込みが、社会認識の歪みをもたらすことを、具体的な例を用いて説明しています。

　今回の例では、世界はどんどん悪くなっていると思いがちなネガティブ本能や、目の前の数字を重視してしまう過大視本能などが作用する結果、特殊詐欺で未成年者の逮捕者が増えているという事実から、少年犯罪全体が増えていると思い込んでしまう傾向が見て取れるというわけです。

　これに対し、鈴木宏昭著『認知バイアス』は、このような思い込みを「本能」とするのは問題だとして、むしろ「利用可能性ヒューリスティック（heuristic）」に原因を求めるべきだと主張します。ヒューリスティックとは、心理学者のエイモス・トヴェルスキー（Amos Tversky）と 2002 年にノーベル経済学賞を受賞した行動経済学者のダニエル・カーネマン（Daniel Kahneman）の研究によって明らかにされたもので、不確実な状況下では、先入観や経験にもとづいて、ある程度正しそうな答えを見つけようと

する心理が働くことを意味します。中でも、利用可能性ヒューリスティックというのは、思い出しやすければ、その事柄は頻繁に起こっていると考える傾向のことをいいます。

　マスメディアでは視聴者の興味を引くものを多く伝える傾向がありますが、少年が大人のような罪を犯すことは衝撃的なので、過剰に報じられがちです。その結果、少年犯罪は、多くの人にとって思い出しやすい事柄になっており、それは頻発しているとの思い込みをもたらすというわけです。

　いずれにせよ、わが国における少年犯罪は減少傾向にあることは明らかなのですから、それが頻発しているとの思い込みを捨てないと、立法事実のない法律ができてしまいます。

　こうした立法事実の議論は、先ほど述べた実証研究による立法の点検に類似しています。しかし、厳密にいえば、立法事実の確認は、立法者や裁判官がどれだけ正確に制度や解釈の必要性および相当性を踏まえているかの問題であるのに対し、実証研究による点検は、すでに制定された法律や下された判決が予定通りの効果を発揮しているかの問題である点で、両者は異なっています。

　最近、国や地方の政策決定の現場では、EBPM（Evidence-Based Policy Making：証拠に基づく政策立案）という言葉がよく聞かれます。これは、その場限りのエピソードに基づいて政策を決定するのではなく、実証的データに基づいて決定していくことを意味しており、立法事実の確認も EBPM の一環ということができ

ます。

　ちなみに、少年犯罪の厳罰化に関する実証研究では、それが必ずしも犯罪の抑止につながっていないというデータが多く公表されています。

　恐らくその原因は、少年については大人と同じ刑罰を科すのではなく、丁寧な社会復帰プログラムを提供した方が再犯率を下げる効果が高い点に求められますが、ここでも、外部の要因が因果関係を歪めている可能性は否定できませんので、なおも詳細な実証研究が期待されます。

11 | まとめ

　以上、法律の点検について考えてきました。それによって得られた知見は、2つの方向で活用されることになります。

　1つは、立法場面での活用です。おかしな法律はもちろん、規律手段が期待するインセンティブを生み出していない場合や、立法事実に疑問がある場合には、法律の改正を議論する必要が出てきます。逆に新規に立法する場合には、このような事態に陥らないように十分な点検が求められます。

　もう1つは、解釈論への活用です。法的思考における3段論法にとって、解釈が重要であることはすでに述べました。法律の条文に具体的事件を当てはめるのが難しいケースは頻繁に起こります。その場合、解釈が結論を左右するわけですが、その指針となるのが法律の点検です。どんな立法事実に基づいて、どのような趣旨で制定された法律なのか、法律の内容に不合理な点はないか、歪んだインセンティブを助長させていないかなどは、解釈の仕方に影響を与えます。

　この点を、次の例で考えてみましょう。

　会社法は、株主総会での議決権行使について、株主が代理人を通じて行使できるようにしなければならないと規定しています。

ところが、多くの株式会社では、株主が代理人に選べるのは同じ会社の他の株主に限ると規定しています。Ｘ社は、同じ日の同じ時刻に株主総会が集中して開催される関係で、代表取締役だけでは、株主となっているすべての会社の株主総会に出席することができません。

そこで、Ｙ社の株主総会については、Ｘ社の総務部長Ａを代理人として議決権行使したいと考えていますが、Ｙ社の定款には代理人を株主に限る旨の規定があるため、株主ではないＡの代理行使は定款の文言に反することになります。

Ａによる議決権の代理行使は認められるのでしょうか。

会社法の条文の趣旨は、株主の議決権行使の機会を保障することにあります。

この趣旨を、代理人を利用したいと考える株主に当てはめるならば、議決権の代理行使は無制限に認めるべきだということになりますので、定款の規定は無効と解され、Ａの代理行使は問題なく認められることになります。

それに対し、条文の趣旨を、代理人を利用する株主だけではなく、株主総会に出席して議決権を行使する他の株主についても当てはめるとしたならば、どうなるでしょうか。代理行使を悪用して株主総会をかく乱する者（かつてわが国の株主総会に多数出没していた総会屋など）が議場に入り込んでくると、一般株主の議決権行使を邪魔することになるため、代理人資格を制限することにも一定の合理性が認められます。

しかし、株主以外の者がすべて株式総会をかく乱するわけではないので、代理人の資格を株主に限定する定款規定は明らかに過剰規制ということになります。そこで、株主総会をかく乱する恐れのある代理人に限って定款を適用する考え方が登場し、これが通説となっています。この解釈によれば、業務命令で株主総会に代理出席するＡが株主総会をかく乱することは考えにくいので、Ａの代理出席は認めるべきことになります。

　以上の解釈を整理すると、図2のようになります。

図2

	A説	B説	
条文の趣旨	議決権行使の 機会を保障する	議決権行使の 機会を保障する	
条文	例外なき代理行使の保障	例外なき代理行使の保障	
解釈	例外なき代理行使の保障	総会をかく乱する者の排除	
定款	定款は無効	一部無効	一部有効
Ａの代理行使	認められる	認められる	Ａは総会を かく乱する者 には該当しない

　最高裁判所は、Ｂ説を採用しています（最高裁昭和43年11月1日判決）。この判決が下された当時は総会屋が多数存在していました。総会屋は、株主総会で暴れることで会社との接点を持ち、情報提供料などの名目で会社にお金を出させ、その見返りにいわゆる与党総会屋となって次年度以降は他の総会屋の排除に協力するといった行動をとっていました。

　そのため、まずは株主総会に潜入することが必要だったわけで

すが、株主になるには株式を買わなければならないので、株主にはならずに株主総会を欠席する株主から委任状をもらい代理人として議場に入るのが一般的でした。代理人資格を株主に限る旨の定款規定は、まさにこうした総会屋の入場を防ぐ点にあったわけです。

すでに総会屋がほぼいなくなった現在、A説からは、B説の役割は終えたとの批判が出ています。それに対し、反社会的勢力などに適用することも視野に入れれば、今なおB説には存在価値があるとの意見もあります。

実は、B説には、株主総会をかく乱する恐れがあるか否か（定款規定が適用されるか否か）を、株主総会の受付で瞬時に認定しなければならないといった欠点があります。もしもその事実認定に失敗すれば、株主総会の決議が取り消される可能性が出てきますので、受付の負担は極めて大きいと言わざるをえません。一般に、条文等に当てはめるために具体的事実を認定することは、とても難しい作業です。過去には、株主が株主でない顧問弁護士を代理出席させようとしたので総会の受付がそれを拒んだところ、その拒絶は違法だとされた事件があります。このように、「株主総会をかく乱する恐れ」という要件が設定できても、それに具体的事例を当てはめるのは決して容易ではありません。

事実の認定が難しいのは、人間の認知能力に様々な限界があるからです。このことは法律家が3段論法を駆使する際に深刻な問題をもたらします。そこで、章を改めてこの点を詳しくみてみることにしましょう。

第 3 章

事実認定

1 『十二人の怒れる男』

　『十二人の怒れる男』という映画をご覧になったことはありますか。社会派監督のシドニー・ルメットが描く法廷サスペンスの傑作です。この映画に感銘を受けた三谷幸喜監督のパロディー作品『十二人の優しい日本人』を見て、逆にこの映画の存在を知った人もいるかもしれません。

　深夜にある男が自宅で殺されました。犯人として起訴されたのは、日ごろから不仲だった18歳の息子です。息子は、凶器と同じ型の飛び出しナイフを直前に購入しており、当日の夜も父親と口論していたとの証言がありました。また、鉄道を挟んだ向かい側の建物から息子の犯行を目撃したという証言もあり、証拠は息子に不利なものばかりでした。しかも、犯行時刻には映画を見ていたとアリバイを主張するも、息子は映画のタイトルすら覚えていません。そのため、この事件を裁くために集められた12人の陪審員は、最初に行った投票で11人が有罪と判断しました。しかし、唯一無罪を主張した8番陪審員（ヘンリー・フォンダ）に促され、証拠を丁寧に吟味したところ……。

　このドラマは、社会心理学的には、全員一致で物事を決める際に生ずる「斉一性の原理」をモチーフにしていることで注目され

ます。

　すなわち、集団の内部においては異論や反論を許さない集団心理が働きやすいため、結論が特定の方向に固まりやすいという現象が生ずることを浮き彫りにした映画なわけですが、それだからこそ、裁判（とりわけ裁判員裁判）では、いかに事実の認定が難しいかを教えてくれます。

1957年制作の映画「12人の怒れる男」の1シーン。
（写真：Mary Evans Picture Library／アフロ）

2 │ 目撃情報のあいまいさ

　2023 年 9 月 5 日、アメリカで画期的な判決が下されました。1976 年に 2 つの強制性交事件などで有罪判決を受け約 7 年半服役した黒人男性が、50 年ほどの歳月を経て無罪判決を得たのです。

　DNA 判定により真犯人が特定されたことが理由でした。この事件では、被害者である 2 人の少女の目撃証言が決め手となっていたのですが、実は警察の誘導的な犯人識別手続きがあったことが明らかになりました。

　アメリカでは、こうした目的証言の問題点を浮き彫りにする活動が盛んで、1992 年には、ニューヨークのイェシーバ大学にイノセンス・プロジェクトと呼ばれる団体が設立されています。これは、DNA 鑑定などの科学的証拠によって冤罪を晴らす活動を無償で行うもので、今回の無罪判決も、この団体とウェストチェスター郡地方検察の協力によって実現しました。イノセンス・プロジェクトによれば、彼らが無罪を勝ち取った冤罪事件の約 64 ％が、目撃者の誤った証言が原因だったと報告されています。

　冤罪事件の検証に検察が協力していることに驚きを感じる人も多いと思いますが、アメリカでは、目的証言が冤罪の原因になっていることについて、連邦や州の当局も問題意識を共有しています。

1999 年には、米国司法省の司法研究所が目撃証拠の適切な扱い方をまとめたガイドライン「目撃証拠：法執行のガイド（Eyewitness Evidence：A Guide for Law Enforcement）」を公開しました。2014 年には、米国学術研究会議（The National Research Council）が、「犯人の識別：目撃者識別の評価（Identifying the Culprit:Assessing Eyewitness Identification）」と題する報告書を公表し、さらに 2017 年には、ニューヨーク市が、イノセンス・プロジェクトの提唱した目撃証言の聞き取り方に関する基準とベストプラクティスを採用する法律を可決しています。

　目撃証言の信ぴょう性に関する実験は、心理学の分野で多く実施されています。法と心理学を専門とする南カリフォルニア大学のダン・サイモン（Dan Simon）教授の『その証言、本当ですか？刑事司法手続きの心理学』（福島由衣・荒川歩訳）によれば、並べられた写真または人物の中から真犯人と思われる者を指摘する実験では、約半数の目撃者しか真犯人を言い当てることができず、約 2 割の目撃者は無実の人を真犯人だと指摘してしまう傾向にあることが示されています。真犯人が含まれていない写真や人物のラインナップを用いた実験では、なんと約半数の目撃者が無実の人を真犯人だと指摘することも分かっています。

　こうした目撃証言のあいまいさは、どうして起こるのでしょうか。ここでは、有名な 3 つの落とし穴を紹介します。

　まず、ヨーク大学で心理学を教えているアラン・バデリー（Alan Baddeley）教授が書いた *Your Memory : A User's Guide* という

著書には、オーストラリアで起こった冤罪事件が紹介されています。

　犯罪心理学で有名な教授が、レイプ事件の犯人として逮捕されました。被害に遭った女性が加害者の顔を覚えていて、彼に間違いないと証言したからです。しかし、犯行が行われた時間帯に、この教授はテレビの生放送に出演していたため、犯行は不可能だということが分かり、釈放されました。なぜ、このようなことが起こったのでしょうか。

　そうです。この被害女性は、レイプされる直前まで、この教授が出演しているテレビ番組を見ていたのです。そのため、教授の顔を記憶したのですが、それがなぜか犯人の記憶とすり替わってしまったのです。このように別の場所で見た人を犯人と誤認する現象を無意識的転移といいます。また、被害女性は、教授を記憶した時間や場所などの情報源を間違ったともいえるので、こうした現象をソース・モニタリング・エラーと呼ぶこともあります。
　次に、目撃情報の疑わしさについては、アメリカの認知心理学者エリザベス・ロフタス（Elizabeth Loftus）らによるこんな実験も有名です。

　アメリカの大学生45人をいくつかのグループに分けて、車が追突する映像を見せた後、その時の車の速度を推定してもらいました。あるグループには「車が激突した時のスピードは何キロだ

ったと思いますか」と尋ね、あるグループには「車が接触した時のスピードは何キロだったと思いますか」と尋ねました。その答えには、いったいどのような違いが生じたでしょうか。

　予想通りかもしれませんが、「激突」と言われたグループの方が「接触」と言われたグループに比べ、はるかに速いスピードだったと答えました。全く同じ映像を見たにもかかわらずです。それだけではありません。１週間後、「割れたガラスを見ましたか」と尋ねたところ、「激突」グループの中で「見た」と答えた人の割合は、「接触」グループの中で「見た」と答えた人の割合の２倍以上に上りました。映像にはガラスなど全く映っていなかったことを考えれば、実に驚くべき事実です。
　ロフタスらは、このように目撃後に与えられた情報によって記憶が実際とは違う方向に誘導される可能性があることを実証し、これを誤情報効果（misinformation effect）と呼びました。

　さらに、ロフタスらは、次のような興味深い実験も行いました。

　犯人役と女性店員とが写っている写真を２枚用意しました。１枚は、犯人役が女性店員に銃を向けており、もう１枚は小切手を差し出しています。この写真を見た目撃者の眼球の動きを測定したところ、それぞれの写真を見た目撃者の眼球の動きには、明らかな違いがありました。それは、どのような違いでしょうか。
　また、それぞれの写真を見た目撃者に、犯人役の人の人相を尋

ねたところ、正解率に明らかな違いが出ました。正解率が高かったのは、どちらの写真を見た目撃者の方でしょうか。

　目撃者の眼球の動きに関する特徴的な違いは、銃を見ている時間の方が小切手を見ている時間よりも明らかに長いということです。そのため、犯人役が銃を突き付けている写真を見た目撃者は、周囲の情報に目を配ることができず、結果的に、犯人役の人相を間違いやすいことが分かりました。こうした現象を、ロフタスらは凶器注目効果と呼びました。

3 | 間違える脳

(1) 情報伝達の問題点

　このような目撃情報のあいまいさをもたらす原因は、人間の眼の構造と脳の仕組みの中にあります。

　人間の網膜は、光の受容素子を均等に配列しているわけではないので、はっきりと認識できるのはわずか数度の範囲内のものだけだといわれています。そのため、そもそも多数の見落としが生ずることを避けることはできません。凶器注目効果の結果、犯人の人相が眼に入らなくなる理由は、この眼の構造にあるわけです。

　仮に視野に入ったとしても、さらに脳内での情報伝達の限界が様々な誤解を生み出します。櫻井芳雄著『まちがえる脳』を参考に整理してみましょう。

　ヒトの脳には、信号を発生し伝達している細胞が約 1,000 億個あり、これをニューロンと呼びます。ニューロンは、本体である細胞体に加えて、他のニューロンに信号を送る 1 本の軸索と、他のニューロンから信号を受け取る多数の樹状突起からできています。軸索は先端で細かく枝分かれして他のニューロンの樹状突起や細胞体につながりますが、その接点の部分にはわずかな隙間があります。この隙間の空いた接点の部分をシナプスといいます。

　ニューロンのうち 800 億以上は小脳に集まっていますが、小

脳のニューロンが持つシナプスの数は多くありません。それに対し、大脳、なかでも大脳皮質にある100億から200億のニューロンは多数のシナプスを持っているのが特徴で、1つのニューロンが数千以上のシナプスを持っていると言われています。

　大脳が発する短いパルス状の電気信号をスパイク、信号を発することを発火といいます。他のニューロンからスパイクを受け取ると、細胞の表面にある小さな穴（ナトリウムチャネル）が開き、そこにプラスの電荷を持つナトリウムイオンが流れ込みます。これにより細胞内の電位がプラスに変化すると、電位の変化に反応するナトリウムチャネルも開いて、大量にナトリウムイオンが細胞内に流れ込みます。

　これがある量を超えると一気に細胞内の電位が変化しますが、ナトリウムチャネルはすぐに閉じてしまう一方で、細胞内から同じくプラスの電荷を持つカリウムイオンが流出しますので、電位は一瞬で元に戻ります。時間にして、1,000分の1秒から1,000分の2秒ぐらいの間の出来事です。この短時間の電位の変化が、スパイクの正体だと考えられています。

　人間の脳がニューロンを介して行う信号の伝達は、私たちの身の回りの電化製品などに比べて時間がかかり、極めて非効率なことが知られています。伝達元のニューロンからスパイクが発火されても伝達先のニューロンでスパイクが発火されるとは限らず、その確率は平均でわずか3％程度だといわれています。この確率を高めているのが、多数のニューロンが同時に発火する同期発火

という現象です。これによって伝達の確率は大幅に上がりますが、それでも相当程度の確率で脳はミスを繰り返していることになります。

(2)　記憶の問題

　脳の信号伝達に影響を及ぼすものは、ほかにもあります。それは記憶です。櫻井芳雄著『まちがえる脳』によれば、あるニューロンからの信号が一定時間高い頻度で伝達されると、受け手側のニューロンの樹状突起にある棘（スパイン）が大きくなり、感受性が長期増強（LTP）されることが分かっています。

　また、大きくなったスパインは、伝達側のニューロンの軸索に接触し、それを押すことで情報伝達物質の放出を促します。こうしたメカニズムが記憶の形成につながると考えられますが、その他、新しいニューロンを生み出したり、軸索が伸びて新しい経路ができたりする現象も、記憶に関係していると考えられているようです。

　記憶を作る際に同時発火したニューロンは、集団となって記憶痕跡（エングラム）を保持する細胞（エングラムセル）になると考えられています。これが形成されれば、記憶は正確に定着しそのまま再現されやすくなるようなのですが、一般の記憶は、届いた情報のうちわずか4個程度をワーキングメモリに一時保存した後、10秒から15秒程度で消えてしまいます。そのため記憶として定着するには、ニューロンが時間をかけて繰り返し発火する必

要があり、その過程で記憶がどんどん変容してしまいます。目撃証言のあいまいさは、こうした人間の記憶の仕組みに関係しているものと考えられます。

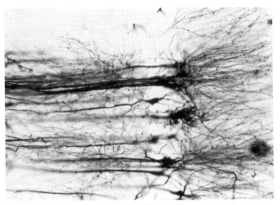

脳の神経細胞（ニューロン）の光学顕微鏡写真。記憶に関与する大脳皮質の一部である海馬にはこのような錐体細胞が豊富にあるが……。（写真：アフロ）

4 | ヒューリスティックを
生み出す二重のシステム

　たとえ情報が正しく伝達されたとしても、人間は、それを認知する段階で多数のバイアスを生み出していることも分かっています。

　先ほど、日本人の多くが少年犯罪は増えていると誤解している可能性があることを指摘しましたが、その原因として、ヒューリスティック（heuristic）の存在を紹介しました。すなわち人間は、必ずしも正確な答えとは限らないものの、直感的に正しいと思われる結論を素早く選択し、行動しているわけです。多くの動物は、敵を発見した時に直感的に逃げる行動をとりますが、人間にも、こうした動物的な側面があるといえるわけです。

　ヒューリスティックが生ずるのは、人間の脳がシステム１とシステム２という二重の過程に分かれて動いていることに原因があるというのが一般的理解です。システム１は大量の情報を直感的に処理する役割を果たしており、システム２はじっくりと合理的判断を下す役割を担っています。システム１は正しさよりもスピードを重視しますので、様々なバイアスを生み出します。それに気づかない限り、システム２は作動しませんので、人間の行動には様々な歪みが生ずることになります。

　ここでは、有名なヒューリスティックを３つ挙げておきましょう。１つは、すでに紹介した利用可能性ヒューリスティックです。

これは思い出しやすいものほど、たくさん起こっていると誤解する思考の癖です。少年犯罪は明らかに減っているのに、ニュースで取り上げられる頻度が高いために、増加しているように誤解してしまうというのが、その例でした。

2つ目は、代表性ヒューリスティックです。次の問題を解いてみてください。

　山田氏は、音楽が好きで、様々な楽器を演奏できます。中でも2歳の時に始めたピアノが得意で、他人に教えるのも上手です。山田氏は、現在、大学の教授をしています。つぎの3つのうち、山田氏の現状として可能性が高い順に並べてみてください。

　1．東京藝術大学でピアノの演奏技術を教えている
　2．法学部で法律を教えている
　3．法学部で音楽著作権に関する法律を教えている

　正解は、2→3→1の順ですよね。1に該当する人は数名ですから、山田氏が就任している確率は最も低いはずです。絶対に間違ってはいけないのは、2と3の順番です。法学部で音楽著作権に関する法律を教えている教授は、法学部で法律を教えている教授のごく一部ですから、山田氏がなる確率が高いのは2の方であって、3ではありません。

　にもかかわらず、1→3→2の順番だと答えてしまう人がいるのはなぜなのでしょうか。

私たちは、ある人が特定のグループ（カテゴリー）に属しているかどうかを考える場合、そのグループの典型的な人物像（プロトタイプ）を想定して、それとの類似性の強さによって決める傾向があります。しかも、その典型的な人物像というのが曲者{くせもの}で、私たちは、自分の知っているわずかな代表例を典型例と考えてしまいがちなのです。こうした思考の癖を、代表性ヒューリスティックといいます。

　東京藝術大学でピアノを教えておられる教授を１つのカテゴリーとして捉えた場合、その典型的な人物像は、幼少のころからピアノが得意で他人に教えるのも上手な人ということになりがちです。しかし、それは東京藝術大学でピアノを教える教授の代表例かもしれませんが、歴代の教授の中にはもっとユニークな方も多数おられたはずで、決して典型例とはいえないかもしれません。それでも山田氏は、この代表例にあまりにぴったりなので、私たちはついつい山田氏が１のカテゴリーに属しているはずだと、強く感じてしまうのです。

　それに対し山田氏は、理屈っぽく、情感よりも論理を重視する人物が代表例だと思われがちな法学部教授とは類似性が乏しいため、法学部の教授になったとは説明しにくいと考えてしまいます。法学部の教授になっていたとしても、せめて音楽に関わる法分野を選んでいてくれれば説明が付きやすいことから、ついつい３を２よりも上位に位置づけてしまうことになるわけです。しかし、これらの推論は、出来事の発生確率とは明らかに矛盾しています。まさしく代表性ヒューリスティックと呼ばれるゆえんです。

3つ目は、係留・調整ヒューリスティックと呼ばれているものです。これは最初に与えられた値が船の錨のようになって、判断を歪めてしまうといった思考の癖です。同じ弁当でも、最初から500円で売るよりは、定価800円を300円値引きして500円で売っていることにした方が、高級な弁当に感じるといった具合です。

　これに関連しては、エイモス・トヴェルスキー（Amos Tversky）ととダニエル・カーネマン（Daniel Kahneman）が行った次のような実験が有名です。

　まず0から100までの数字の付いたルーレットを回します。止まった数字を見た人に、国連に加盟するアフリカ諸国の割合はそれよりも多いか少ないかを尋ねた上で、具体的な割合を答えさせました。実はこのルーレットには仕掛けがあって、参加者のうち半分の人（Aグループ）は65という数字のところで止まるのを見せられ、残り半分の人（Bグループ）は10という数字のところで止まるのを見せられました。この実験で、Aグループの人が答えた割合の平均値と、Bグループの人が答えた割合の平均値は、どちらの方が高かったでしょうか。

　正解はAグループで、国連に占めるアフリカ諸国の割合を平均で45％と答えました。一方、Bグループの回答の平均値は25％でした。ちなみに正解は約28％です。ルーレットで示された数字には何の意味もないことは明らかなわけですから、それを無視

して、自分が予想する割合を答えることは十分可能だったはずです。しかし、この結果は、最初に与えられた数字の情報がその後の判断に影響を与えていることを表しています。

　このようにヒューリスティックは、私たちの認識に様々なバイアスを生み出します。ほかにも、

①異常事態が起こっても想定内だと思い込もうとする「正常性バイアス」

②目立つ部分があたかも「後光（halo）」を放つかのような影響を発揮することで、他の部分の判断を歪める「ハロー効果」

③多くの人が評価しているのを見て、まるでパレードの先頭を行く楽隊車に着いていくかのように、他人の評価に同調してしまう「バンドワゴン効果」

④巨額の投資をしたプロジェクトは、たとえ大きな損失が出ることが分かっていても、引くに引けなくなる「コンコルド効果」

⑤弱い立場にいる人に同情して応援したくなる「アンダードッグ効果」

⑥権威のある人や組織が発する情報を無条件で信じ込む「権威バイアス」

⑦手に入りにくいものに魅力を感じる「希少性バイアス」

⑧自分が所属する集団（内集団）の方がそれ以外の集団（外集団）よりも優れていると思い込む「内集団バイアス」

⑨事が起こった後に予想通りだったと思いたくなる「後知恵バイアス」

⑩成功は自分のお陰だが、失敗は他人や環境のせいにしたがる「自

己奉仕バイアス」

⑪自分の行動については外部要因による言い訳を考えるが（遅刻したのは、連日の残業で体調がすぐれなかったからなど）、他人についてはその人の性格、意志、態度などといった内的要因に原因を求めたがる（遅刻したのは、ズボラな性格の人だからなど）「行為者・観察者バイアス」

⑫無意識な偏見が認識を歪める「アンコンシャス・バイアス」

などが有名です。

5 | 確証バイアス

そこで最後に、実際の裁判でも問題になる「確証バイアス」について、鈴木宏昭著『認証バイアス』を参考にしながら、確認しておきましょう。

人間の思考には、自分が立てた仮説を検証する時、都合の良い情報ばかりに目を向ける癖があります。これを「確証バイアス」といいます。よく考えれば間違いであるにもかかわらず、歪んだ論理を受け入れてしまうわけですが、これを実感する有名な実験が「4枚カード問題」です。これは、イギリスの認知心理学者ペーター・カスカート・ウェイソン（Peter Cathcart Wason）が1966年に考案したものなので、「ウェイソン選択課題」とも呼ばれます。

ここに4枚のカードが次のように並んでいます。

各カードの片面にはアルファベット、もう片面には数字が書かれています。今、最小限のカードを裏返すことで「カードの片面が母音ならば、もう一方の面は偶数」という仮説を証明したいと考えています。裏返す必要のあるカードはどれでしょうか。

正解は、Ａと７のカードです。Ａと４ではないのかと驚いた人は多いと思いますので、順を追って考えてみましょう。

　まずＡのカードですが、もしも裏が奇数なら「母音の裏は偶数」という仮説が成り立たなくなりますので、確認が必要です。次にＫのカードですが、裏が偶数でも奇数でも「母音の裏は偶数」という仮説は成立しますので、確かめる必要はありません。

　では、４のカードはどうでしょう。このカードの裏が母音であれば「母音の裏は偶数」という仮説が成り立つことになりますが、仮に４のカードの裏が母音でなかったとしても、「母音の裏は偶数」という仮説は成り立ちます。したがって、やはり確認する必要はないのです。それに対し、もしも７の裏が母音だったならば「母音の裏は偶数」という仮説は成り立たなくなりますので、７のカードを裏返してみることは絶対に必要です。

　このように落ち着いて考えれば当たり前の論理でも、私たちはなぜ４のカードをめくりたくなるのでしょうか。この点については、専門家の間でも様々な議論が続いています。例えば、条件文に出てくる言葉とマッチするカードを確認したくなるというマッチング理論も有力ですが、ここでは、仮説を「否定する」証拠の有無よりも「肯定する」証拠の有無の方に目が向きやすいという「確証バイアス」に注目しておきましょう。

6 | 統計の落とし穴

　こうした確証バイアスは、時として裁判の場に不合理な推論を持ち込むことがあります。特に、統計の数字を持ち出す際にその傾向がみられます。

　その典型例として、ロサンゼルスで起こったコリンズ訴訟を紹介しましょう。

　1964年6月18日の正午ごろ、年配の女性がハンドバッグを奪われました。彼女が見た犯人は、身長150センチ強の白人の若い女性で、金髪の髪をポニーテールにしていました。

　通りの端でこの事件を目撃した男性は、その女が通りの向かいの黄色い車に乗り込むのを見ました。その車を運転していた男はあご髭と口ひげを生やした黒人でした。この目撃情報にすべて当てはまったことで逮捕されたのが、コリンズ夫妻でした。

　検察官は、数学を専門とする大学教授を証人として呼び、犯人の特徴をすべて満たす確率は、それぞれの特徴が持つ確率を掛け合わせたものであること（積の法則）を確認しました。その上で、それぞれの特徴が生ずる確率は「極めて控えめに」みても次のように考えられるとしました。

　①あご髭のある黒人　確率10分の1

②口髭のある男性　確率4分の1

③金髪の白人の女性　確率3分の1

④ポニーテールの女性　確率10分の1

⑤人種の異なるカップル　確率1000分の1

⑥黄色い車　確率10分の1

　これらの確率を掛け合わせると1200万分の1になることから、検察官は論告求刑に際し、次のような趣旨のことを述べました。「犯人の特徴をすべて兼ね備えている男女を見つけることができる確率は1200万分の1で、極めて稀なことです。犯人はコリンズ夫妻で間違いありません」

　はたして、この検察官の主張は正しいと言えるのでしょうか。

　もうお気づきですね。上に示した6つの特徴の中には、あご髭があることと口髭があることが含まれていますが、これらの特徴は同時に満たす可能性が高い条件なので、独立性がありません。

　積の法則は、あくまでも独立性のある条件に限って認められるものなので、そもそも1200万分の1という確率自体がおかしいのです。さらに、仮にこの1200万分の1という数字が正しいとしても、それは6つの条件を満たす人が限りなく少ないということを意味しているだけで、コリンズ夫妻が無罪である確率が極めて少ないという結論とは無関係なのです。

　仮に犯人である可能性のあるカップルが1億2000万組いるとするならば、そのうち10組は6つの条件を満たしていることになります。コリンズ夫妻はその中の1組にすぎないわけで、犯人

である確率はわずか10％です。

　この後半部分について、より理解を深めるために、次のような架空の事件を作ってみました。裁判員になったつもりで、考えてみてください。

　ある都市で殺人事件が起こりました。犯人は同市に住む成人500,001人のうちの誰かであることは明らかなのですが、遺留品だけでは犯人特定の決め手とはならず、誰もが等しく犯人である可能性がありました。
　そんな中、目撃証言から容疑者としてＡが浮かび上がったため、警察は、遺留品に付着した皮脂を用いてDNA鑑定を実施しました。その結果、ＡのDNAと一致したことから、Ａが逮捕・起訴されました。
　しかし、Ａの犯行を裏付ける証拠はそれ以外には見つかっておらず、Ａは当初から一貫して容疑を否認しています。なお、今回実施されたDNA鑑定が間違う確率は、1,000,000分の1（0.0001％）だとします（ちなみに、犯罪捜査で実際に用いられているDNA鑑定の精度ははるかに高く、565京分の1です）。
　これを踏まえて検察官は、法廷での冒頭陳述で「Ａは犯行を否認しており、ほかには目ぼしい証拠はありませんが、DNA鑑定の精度からすれば、Ａが犯人でない確率は0.0001％でしかなく、裏を返せば、99.9999％の確率でＡは犯人ということができます。ですから、裁判員の皆さん、どうか迷わず有罪の評決を下してく

ださい」と述べました。

　貴方が裁判員だったならば、この検察官の言葉に従いますか。

　気づいた方は多いと思いますが、検察官の示した確率は、自ら
の主張に都合の良い側面に目を奪われるといった「確証バイアス」
に起因する歪んだ説明です。そのため、この種の事例は「検察官
の誤謬」と呼ばれています。では、正しい確率は、どのように計
算すれば導けるのでしょうか。

　ここで計算しなければならないのは、DNA が一致した者が犯
人である確率です。通常は、犯人であるという「原因」が DNA
の一致という「結果」を導くのですが、ここでは DNA の一致と
いう「結果」から犯人であるといった「原因」を導く作業が必要
となります。

　この事例では、A は容疑者である 500,001 人の中の 1 人といえ
ますから、まずもって A が犯人である確率は 500,001 分の 1 と
なります。この事前確率に、DNA が一致したという新しい情報
が加わった場合、A が犯人である確率（これを「事後確率」とい
います）はどのように変化するのかを解くことが、ここでの課題
となります。

　この課題を解くために用いられるのが、有名なベイズの定理で
す。

　A が起こることを条件とした上で同時に B が起こる確率のこ
とを「条件付き確率」といい、P(B｜A) と表記します。全体の

中で A が起こる確率は P(A) で、全体の中で A と B が同時に起こる（A かつ B ［A ∩ B］が起こる）確率は P(A ∩ B) ですので、

$$P(B \mid A) = \frac{P(A \cap B)}{P(A)} \quad \cdots\cdots ①$$

となります。同様に、条件と結果を逆にした P(A | B) は、

$$P(A \mid B) = \frac{P(A \cap B)}{P(B)} \quad \cdots\cdots ②$$

となります。①の両辺に P(A) をかけると、

$$P(A \cap B) = P(B \mid A) \, P(A)$$

という式が導かれますので、これを②に代入すると、

$$P(A \mid B) = \frac{P(B \mid A)P(A)}{P(B)} \quad \cdots\cdots ③$$

となります。この③が、ベイズの定理です。

　そこで、この式に、先ほどの事例を当てはめてみましょう。P(A) すなわち、容疑者全体の中で A が犯人である確率は500,001 分の 1 でした。次に、A が犯人であれば DNA が一致するという事象 (B) は必ず起こりますので、P(B | A) は 1 となります。一方で P(B) すなわち、全体の中で DNA が一致する現象が起こる確率については、2 つの場合を想定することが必要になります。

1つは容疑者が犯人である場合で、その確率は500,001分の1です。そしてもう1つは、容疑者が犯人ではないのに誤ってDNAが一致する場合で、その確率は、容疑者が犯人でない確率（500,001分の500,000）にDNA鑑定が誤る確率（1,000,000分の1）をかけたものです。つまりP(B)は、この2つの合計ということになります。そこで、これらの数値を③に代入すると、分母は500,001分の1＋（500,001分の500,000×1,000,000分の1）となり、分子は1×500,001分の1となります。これを計算すると、P(A｜B)すなわちDNAが一致した者が犯人である確率は、ちょうど3分の2になります。

　そうだとすれば検察官は「遺留品から検出されたDNAとAのDNAとが一致しましたが、DNA鑑定には0.0001％の確率で誤りが含まれていますので、Aが犯人である確率は約66％にすぎません。したがって、評決に当たっては慎重な判断が求められます」と説明すべきだったことになります。

7 | O・J・シンプソン事件

　以上の点を踏まえながら、有名なO・J・シンプソン事件を考えてみましょう。

　アメリカンフットボールのスター選手だったO・J・シンプソンは、1994年に、元妻を殺害した容疑で逮捕されました。検察官は、長年にわたりシンプソンが元妻に暴力を振るっていたことを示す証拠を提出し、妻への虐待が殺人につながったと主張しました。それに対し、シンプソンに雇われた敏腕弁護団は「妻を虐待していた夫の中で、妻を殺してしまう夫の割合は2500分の1（0.04％）でしかない」という統計を示し、検察側の主張する「夫が妻を虐待していた」という事実は犯行を裏付けるものではないと反論しました。
　この主張は正しいでしょうか。

　一見正しいように見えますが、もう皆さんは騙されませんよね。弁護団が主張しているのは、アメリカ全土で「家庭内暴力を受けている妻が夫に殺される確率」です。しかし、今、求める必要があるのは「家庭内暴力を受けている妻が殺害された時に夫が犯人である確率」です。
　つまり、妻が夫に殺害される確率のうち、家庭内暴力を受けて

いた妻が夫に殺害される確率がどの程度の割合を占めるか（すなわち条件付確率）を知ることが必要なのです。アメリカの殺人事件に関する統計によれば、その確率は80%を超えることが分かっていますので、O・J・シンプソンが犯人であった可能性はかなり高かったということができます。

　以上のように、事実認定には様々な歪みが生じますが、それでも裁判官は判決を下さなければなりません。一番の問題は、真か偽かがはっきりしない場合の取扱いです。そこで、改めて裁判における事実認定がどのようなルールの下で行われるのかを確認してみましょう。

元妻殺害容疑の刑事事件では無罪となったが、2008年に強盗、誘拐の罪で最長33年の禁固刑判決を受けたO・J・シンプソン被告。（写真：AFP＝時事）

8 | 裁判における 事実認定のルール

(1) 事実認定の立体構造

　まずはもう一度、『罪と罰』のラスコーリニコフの殺人事件を考えてみましょう。彼が殺人を犯した背景には病的な心理状態がありましたので、弁護人であれば、心神喪失を理由として無罪を主張するでしょう。実際の小説では減刑にとどまっていますが、もしも、裁判官がこの弁護人による無罪の主張を認めたとすると、先の三段論法による結論は、次の三段論法によって完全に上書きされてしまいます。

【三段論法③】

大前提（条文）　心神喪失者の行為は罰しない

小前提（事実）　犯行時ラスコーリニコフは心神喪失の状態にあった

結　論（判決）　ラスコーリニコフは無罪

　このように、法的思考における三段論法は、原則的なルールに従って一旦成立しても、例外に当たる旨の主張がなされると、改めて別の三段論法によって全く逆の結論になるといった不思議な構造を持っているのです。

以上の説明を聞いて、ちょっと疑問に思われた方もいるのではないでしょうか。だったら最初から、大前提を「心神喪失ではない者が人を殺した場合には、死刑又は無期若しくは5年以上の懲役に処する」としておけば良いのではないかと。確かにそうすれば、次のような三段論法が成り立ちます。

【三段論法④】

　大前提　心神喪失でない者が人を殺した場合には、死刑又は無期若しくは5年以上の懲役に処する

　小前提　ラスコーリニコフは人を殺したが、心神喪失だった

　結　論　ラスコーリニコフは無罪

　しかし、このような形にしないのには、理由があります。それは、人工知能の世界で「フレーム」問題といわれているものと深く関係しています。

(2)　フレーム問題を回避するための討議ルール

　人間が備える知のシステムを、人工知能の世界で「フレーム」ということは既に述べました。

　人工知能は「適当に考えること」ができないため、放っておくと、ある事柄に関連する事象（あるいは関連しない事象）のすべてを考えてしまいます。そのため、膨大な情報の処理が必要となり、あっという間に処理能力を超えてしまいます。

本来ならば、人間の場合も同じ問題に直面するはずですが、な
ぜか人間は、その事柄に関連する事象を取捨選択する「フレーム」
を持っているため、素早く結論に辿り着くことができます。この
能力を人工知能に持たせるにはどうすれば良いかが、いわゆるフ
レーム問題と呼ばれるものです。

　法的思考の場合も、大前提のところで結論を左右する事象をす
べて検討する形をとると、紛争の解決は大幅に遅れてしまうこと
になります。そこで、まずは原則的な「フレーム」の中で三段論
法を行い、相手方がそれを覆す「フレーム」を主張する場合に、
改めて三段論法を行って原則を上書きする形をとるわけです。

　先ほどの事例でいえば、【三段論法④】の形は取らず、【三段論
法②】を原則とした上で、被告人の側から主張があれば【三段論
法③】によって上書きするという形をとる理由は、まさにこの点
にあるわけです。

　最近の刑事裁判では、こうしたフレームの設定は、公判前整理
手続きを通じて行われます。これは、裁判が始まる前に、裁判官・
検察官・弁護士が集まって争点の整理や証拠の採否を話し合うも
ので、裁判員裁判の場合は必ず行うことになっています。

　一方、民事裁判では、この原則・例外からなる立体的なフレー
ムは、あらかじめ条文ごとに、何が原則（請求原因）で何が例外
（抗弁）なのか、何が例外（抗弁）の例外（再抗弁）で何が例外（抗
弁）の例外（再抗弁）の例外（再々抗弁）なのかといった形で、
詳細に議論がなされています。これを要件事実論といいます。

以上のような法的思考の立体構造について、高橋文彦『法的思考と論理』は、トゥールミンの議論図式とプラッケンの「排除可能なルール」を参考としながら、次のような図式で表現しています。

「Dならばほぼ確実にCである」という議論は、推定根拠（W_1）に支えられていますが、それはさらに相手方からの反論に答えるための裏付け（B_1）によって支えられます。ただし、W_1は反論可能な根拠（$D \Rightarrow C$）であるため、相手方がDの条件にCへの推論を阻む根拠（R_1）を付け加えること（$D \wedge R_1$）に成功すると、DからCへの推論はブロックされることになります。

　そうなると、今度は「$D \wedge R_1$なのでC以外の結論（$\neg C$）になる」という推論が議論の対象となります。ここでも、それを支える推定根拠（W_2）は一定の裏付け（B_2）を有しますが、あくまでも反論可能な根拠（$D \wedge R_1 \Rightarrow \neg C$）に過ぎません。そのため、もともとDならばCという結論を導きたかった側が、新たな反論（R_2）を付け加えることに成功すればCという結論が復活することになるわけです。この図式においては、Dが請求原因であり、R_1が抗弁、R_2が再抗弁に当たります。そして、それぞれがどのような事実なのかを割り振る作業が要件事実論ということになります。

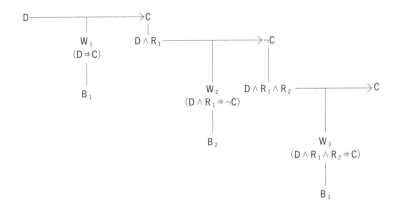

　このように法律家の頭の中は立体的なフレームで構成されているのですが、その設定方法が刑事事件と民事事件とで異なっているのは、証明責任という制度に関係しています。「疑わしきは被告人の利益に」という言葉を聞かれたことのある方は多いと思いますが、これは、刑事事件ではもっぱら検察官が証明責任を負うことを表した言葉です。それに対して、民事事件では、原告と被告が証明責任を分担する形がとられることから、どの事実について原告が証明責任を負い、どの事実について被告が証明責任を負うかを明確にするための精緻な議論（要件事実論）が求められるわけです。

（3）　証明責任とは何か

　では、証明責任とは何なのでしょうか。次の事例を考えてみましょう。

Aさんは、母屋と離れからなる自宅を対象に、B保険会社との間で火災保険契約を締結しました。ある日、Aさんの留守中に母屋から火が出て母屋が全焼しましたが、離れは無事でした。

　そこで、Aさんは、B保険会社に対し火災保険金の請求をしましたが、火災現場を調査したB社は、母屋にあったはずの貴重品が離れに運び込まれているのを見つけ、Aが放火したのではないかと疑い保険金の支払を拒みました。そこでAはB社を相手取り保険金の支払を求めて訴えを提起しました。その結果、当事者双方が証拠を出して争ったものの、結局Aが放火したのかどうかははっきりと断定できない状態になってしまいました。

　この場合、B社は保険金を支払う必要があるのでしょうか。

　ここで重要な役割を果たすのが「証明責任」です。ある事実があったのか、なかったのかが裁判で争われた場合に、いくら証拠を出し合っても、結局どちらか分からないということはよく起こります。その場合、裁判官はどのようにして事実を認定するのでしょうか。

　ある審査会場に、図3のような横長の電光掲示板が置かれていると考えてみてください。この電光掲示板には、審査員の人数分だけ枠が設けられていて、審査員がボタンを押すと左端の枠から順にランプが付いていく仕組みだとします。

図3

　もしも裁判官の心の中に、これと同じ電光掲示板があったとした場合、先ほどのAの放火の話はどうなるでしょうか。ランプが放火を意味するとすれば、裁判官は、当事者が示す証拠を見て、放火かもしれないと思えばランプをつけますし、放火ではないと思えばランプを消すことになります。

　最終的に裁判官は、10％未満しかランプがつかなければ放火ではなかったとの確信を得たことになり、逆に90％以上ランプが灯れば放火だったと確信を持ったことになるとします。ところが、先ほどの事例では、放火だったかどうかについて裁判官は確信を持てなかったわけですから、例えば60％しかランプが付かずに裁判が結審したというイメージになるわけです。

　読者の皆さんの中には、半分を超えたのだから、放火だったと認定すれば良いと考える方も多いでしょう。しかし、法律家はそのようには考えません。裁判官が確信を持てない状態（設例ではランプが10％を超えているが90％未満である状態）のことを真偽不明（ノン・リケット）といい、その場合には「証明責任」を負っている側に不利な認定をすることになっています。

　火災保険金の請求事件においては、法律家の頭の中には次のような立体構造が描かれています。まず、保険金の請求が認められるための原則（請求原因）は、次のような三段論法になります。

大前提（条文）	保険会社は、火災保険契約の対象である建物が火災に遭ったときは、建物の所有者に保険金を支払う
小前提（事実）	火災保険契約の対象であるA所有の建物が火災に遭った
結　論（判決）	保険会社は、Aに保険金を支払え

　この請求原因については、原告であるAが証明責任を負いますが、とりあえず原因が何であれ「火災」によってA所有の建物が燃えたことを証明すれば良いわけですから、この原則は成り立つことになります。それに対し、保険会社が例外（抗弁）として、火災の原因がAの放火だったことを証明すれば、結論は次の三段論法によって上書きされることになります。

大前提（条文）	火災の原因が建物の所有者による放火だったならば、保険金は支払わない
小前提（事実）	火災の原因はAの放火だった
結　論（判決）	保険会社は、Aに保険金を支払う必要はない

　しかしこの抗弁については、保険会社が証明責任を負うため、Aによる放火の疑いについて60％しか証明できなかった以上、保険会社は上書きに失敗したことになります。その結果、この事件では、保険会社は原則通り保険金を支払わなければならないことになります。

（4）　民事訴訟における弁論主義

　民事訴訟の場合には、事実認定に必要な訴訟資料の提出に責任を持たなければならないのは当事者であって、裁判官ではないといった大原則があります。これを弁論主義と言います。裁判官が自ら集めた証拠を武器に被告を問い詰めた後、もろ肌を脱いで「桜吹雪はお見通しだ」などと言ってはいけないわけです。

　この弁論主義は、３つの基本原則とそこから導かれる様々な派生原則の集合体だと考えられます。

　１つ目の基本原則は、要件事実を満たすことを証拠付ける具体的な事実（これを主要事実と言います）については、原告か被告のいずれかが主張しない限り、判決の基礎としてはならないというものです。したがって、当事者は自己に有利な主要事実があるにもかかわらず、それを主張しないでいると、その事実は無いものとして取り扱われて裁判に負けることになります。

　主要事実以外の事実（主要事実を推認させる間接事実や証拠の信用性に影響を与える補助事実）であれば、証拠調べの中で裁判官が確証を得れば判決の基礎とすることができますが、主要事実については、証拠調べを通じて裁判官がいくら確証を得たとしても、判決の基礎とすることはできません。

　２つ目の基本原則は、当事者間で「争いのない事実」（相手方が自白した事実やあきらかに争わない事実）はそのまま判決の基礎としなければならないという原則です。したがって裁判官は、争いのない事実についての証拠調べは行いませんし、当事者は裁

判の途中で自白を撤回することはできません。

　3つ目の基本原則は、当事者間に争いがある事実を証拠によって認定する場合には、当事者が申し出た証拠によらなければならないという原則です。証拠は原告・被告のいずれが申し出たものでも構いません。当事者尋問や調査・鑑定の嘱託など裁判官が職権で証拠を調べることはありますが、これはあくまでも例外です。

　以上の原則を踏まえて、次の事例を考えてみましょう。

　芸能プロダクションを営むＸ株式会社の代表取締役社長Ａがオーディションを受けに来た女性らに対し不同意強制性交等を行っていたと、週刊誌が報じました。それによれば、オーディションで二次審査まで通過した女性らをＡが待機しているホテルのスイートルームに誘導し、そこで最終審査が行われる仕組みになっていましたが、各地のオーディション会場で最後に面接を受けた女性らが、睡眠薬の入った飲料を飲まされた後、抵抗できない状態で強制性交の被害にあっていたというのが、主な報道内容でした。
　この報道が出た直後にＡが自殺したため、真実は闇の中に葬られようとしていましたが、2023（令和5）年10月2日、前年の11月10日に名古屋で行われたオーディションの際に被害に遭ったと主張する女性Ｂが、Ｘ社を相手に損害賠償を求める訴えを提起しました。
　この事件の真相は、Ａの運転手を務めていた息子Ｃ（Ｘ社とは無関係な者）が面接を終えた女性に対し、Ａの審査結果を待つた

めだとだまして隣の部屋に移動するよう命じ、そこで睡眠薬を飲ませて強制性交に及んでいたというものでしたが、BはAの仕業だと信じて疑いませんでした。

　X社としては、早期に紛争を解決した方が会社の評判を落とさずに済むと考え、AがBに対して不同意強制性交を行った事実は争わず、損害賠償の額だけを争いました。その結果、Bの請求額の9割の損害賠償を認める判決が下されて事件は終結しました。

　はたして、この裁判は正義にかなっているのでしょうか。

　まず前提として、強制性交は民事上の不法行為にあたりますので、被害者は加害者に損害賠償を求めることができます。加害者はCであってAではないと思われるかもしれませんが、X社はAが加害者であることを争っていませんので、裁判官は、それを前提として判決を下す必要があります。

　それにしても、なぜX社が損害賠償を払う必要があるのかと疑問に思う方もいるかと思いますが、AはX社の代表取締役であり、この事件はX社が行っていたオーディションという「業務」の最中に起こっていますので、会社法によれば、Aの不法行為はそのままX社の不法行為ということになります（会社法350条）。会社が責任を負うということへの違和感から、X社のプロダクションに未だ所属していないBさんに損害賠償を払うのはおかしいと思う方もいるかもしれませんが、それは勘違いです。問題となっているのは会社（代表取締役）の不法行為ですから、被害者は会社の従業員である必要はありません。

問題は、この判決が正義にかなっているかどうかです。真実を探求するのが裁判の目的だとすれば、この判決は正義とはいえないかも知れません。しかし、民事訴訟は、当事者が納得する形で紛争を解決するための制度です。冒頭のケーキの分け方を思い出してください。正しい解決は、正確にケーキを切り分けることではなく、お互いが納得する方法でケーキを切ることにありました。

　そうはいってもこれが本当の意味で「正義」と言えるのでしょうか。この点を考えるために、法的思考における「正義」とは何かについて章を改めて考えてみましょう。

第 4 章

法律論に潜む
価値判断

1 | 法律論は価値判断の 押し付けではない

　ここで、もう一度 H・L・A・ハートと R・ドゥウォーキンの論争を振り返っておきましょう。ハートは、法典の言葉には「確かな中核」の部分と「疑わしい半影」の部分があるとした上で、「確かな中核」部分には解釈することなく事実を当てはめることができますが、「疑わしい半影」の部分への事実の当てはめは、法律家が自由な価値判断に基づいて裁量的に行うしかないと主張しました。それに対し、ドゥウォーキンは、法律の解釈とは、自由な価値判断に基づく恣意的な作業ではなく、先人が行ってきた解釈を踏まえつつ、法の目的に照らしながら法の言葉を最善なものに変えていく作業なのであって、ハートのいう「確かな中核」部分でも、解釈は行われていると主張しました。

　過去の判例を覚え、それをよりよくするために主張される学説を学び、海外の解決策と比較するといった作業に多くの時間を割く法律家にとっては、ハートの主張より、ドゥウォーキンの主張に親和性を感じる人は多いでしょう。法律家は、目の前の紛争について、どうすれば納得感のある解決策を導けるのかを常に考え、その知恵を社会の財産として蓄積することに力を注いでいるのであって、自分の価値観を実現するために紛争を利用するという発想を良しとしません。もちろん、自分の価値観を実現するために社会変革運動に身を投じる法律家はいますし、そうした運動自体

を否定するものではありませんが、それは、一人の人間としての活動であって、法律家の特徴ではありません。

　とはいえ、個別の紛争解決の中には、納得感を支える何らかの価値判断が潜んでいることもまた事実です。法律家は、それがどのようなものなのかについて、「正義とは何か」という形で長年論じ続けています。そこで、この章では、法的思考に影響を及ぼす「正義」の考え方について整理してみましょう。

剣と天秤を手にするギリシャ神話の正義
の女神テミス。（写真：Shutterstock）

2 | メタ「正義論」

　正義の問題は、2つの次元に分けられます。1つは、正義の中身についての議論です。例えば、「正義とは功利主義なのか」といった問いがそれに当たります。もう一つは、正義の性質についての議論です。「正義とは主張者ごとに違うものなのか」といった問いなどがそれに当たります。後者は、一歩引いた目線で「正義」を論じているので、メタ「正義論」と名付けることができます。

　メタ「正義論」には様々な議論がありますが、大きく分けると、①「これが正義だ」という客観的真理が存在していて、人々はそれを認識できるとする立場と、②正義とは「世の中はこうあって欲しい」という希望でしかなく、その内容は人によって違うとする立場とに分かれます。ただし、②の立場をとるとしても、多くの人が支持する「正義」がある場合には、それを裏切る行為は「正義に反する」と評価される余地があります。

　これまで読んでこられた方には、すでに本書の立場はお分かりだと思います。客観的真理としての「正義」は存在しないからこそ、それぞれの場面で多くの人が「正義」だと考えるものを探りながら、実務の積み重ねの中で結論を導いていくしかないというのが、本書の考えです。多くの人の「正義」を確認する作業は、選挙を通じた民意の確認と、それによって選ばれた議員の審議に

委ねられます。その上で、作られた法律を当てはめる段階で、法律家による「解釈」がその役割を担うことになるわけです。

　世の中には、自分の考える「正義」こそが絶対的真理なのだから、それに気づかない人々を啓蒙しなければならず、場合によっては暴力的な手段に訴えてでも、その「正義」を実現しなければならないと考える人がいます。さらには、自らが理想とする「正義」を基本に据えた社会が実現できた暁には、たとえ管理社会に陥ろうとも、反対意見を封じ込め自らの「正義」を維持しなければならないと考える人もいます。しかし、それは一種の奢りではないでしょうか。

　価値観の多様化する社会には、一刀両断できるような便利な刀は存在しません。だからこそ、一つ一つの実務の積み重ねを通じて、よりよき社会を追求していかなければならないのです。

　そこで、以下では、「正義」の中身についての議論が、どのような対立の中で並存しているかを確認することにします。この見取り図を得ることが、様々な論争に潜む価値観の対立を見抜くヒントになるからです。

3 | 正義論の見取り図

(1) 古典的正義論

　正義に関する議論は古代から存在しています。中でも、アリストテレスによる矯正的正義と分配的正義の区別は有名です。矯正的正義とは、本来あるべき姿を取り戻すことを意味します。泥棒に盗まれたものを取り戻すことが正義であることは、多くの人が認めるでしょう。矯正的正義によれば、物を分ける時には取り戻す必要がないように等しく分けることが重要で、形式的平等こそが正義ということになります。では、次のような事例はどのように考えるべきでしょうか。

　領主Ｘの農場でＡさんとＢさんが働いています。この１年間、ＡはＢの２倍働きました。しかし、収穫にあたり、領主Ｘは自分の取り分を除いた残りの穀物を、ＡとＢとに均等に分け与えました。これを不服に感じたＡは、夜分こっそりＢの納屋に侵入し、Ｂが受け取った穀物の一部を盗み出しましたが、これに気づいたＢがＡに穀物を返すよう求めています。はたしてＡ・Ｂどちらの言い分が正義に適っているのでしょうか。

　この点、アリストテレスは、そもそも「ふさわしい」分配とは

何かを考えることが必要だとし、これを分配的正義と呼びました。そうした観点からすれば、AがBより多くの穀物を手にすることの方が「正義」だということになります。しかし、例えばBは子どもが多く、養わなければならない家族がAの2倍だった場合はどうでしょうか。あるいは、BがAの半分しか働かなかった理由が病気のせいだった場合はどうでしょうか。このように何が「ふさわしい」分配なのかは、実は簡単には決められないのです。

(2)　功利主義

　そうした中で、18世紀後半に、今日に至るまで大きな影響を及ぼしている分配の基準が示されました。それが、ジェレミー・ベンサム（Jeremy Bentham）の打ち出した「功利主義」です。そう、あの有名な「最大多数の最大幸福」という基準です。

　ベンサムの名は知っていても、彼が法律家であったことを知らない人は多いようです。彼は、12歳の若さでオックスフォード大学に入学し4年後に卒業しましたが、高名な弁護士であった義父の影響で在学中にリンカーン法曹院にも入学し、オックスフォード大学卒業後、弁護士資格を取得しました。

　しかし、オックスフォード大学で受講したウィリアム・ブラックストン（William Blackstone）の講義に幻滅し、実務家の道には進まず、もっぱら法律に関する執筆活動に従事しました。先ほどの「最大多数の最大幸福」という考えも、『道徳および立法の諸原理序説』という本の中に出て来るものです。

では、功利主義とはどのような考えなのでしょうか。第一に、行為の正しさは行為から予測される帰結のみによって決まるという考えです。行為の動機や行為自体の善悪は関係ありません（法律学を学んだことのある方は、ここで刑法の違法性に関する結果無価値と行為無価値の対立を思い出してください）。これを帰結主義といいます。第二に、行為の帰結のうち価値があるのは幸福だけだという考えです。たとえ幸福にならなくても自由でいること自体に価値があるといったような考えは取らないということです。これを幸福主義といいます。第三に、最大化すべきなのは幸福の総和であって、各人の幸福ではないという考えです。一人の幸福を最大化した結果、他の人々の幸福が減り幸福の総和が減るようでは意味がないと考えるわけです。これを総和主義といいます。功利主義とはこの３つの考えが重なったものと言うことができます（図４参照）。

図４　　功利主義は３つの考えの重なったところ

　功利主義は、幸福が比較可能であることを前提とします。古くは、幸福とは快楽であるとし、その量（強度と持続性）を測定して比較するといった考えが取られていました。しかし、量が同じ

ならどんな快楽でも良いとする点で「豚のための哲学」と批判されたため、ベンサムの弟子であるジョン・スチュアート・ミル（John Stuart Mill）は、快楽の質を問題にしました。「満足する豚よりも不満足なソクラテスの方が良い」というあの名フレーズがそれです。

　ただ、それでもなお快楽説には大きな問題が残ります。①たとえ快楽が測定できたとしても、客観的なものさしがないので、Aさんにとっての10ポイントとBさんにとっての10ポイントが同じである保証はありません。だから、何が幸福の最大化かは計算できないことになります。

　また、②仮想の体験によって快楽が得られる機械があった場合、それにつながれて仮想の体験をすることが果たして幸福なのかといった問題も提起されました。ちなみに、この問題を提起したロバート・ノージック（Robert Nozick）は、この装置を「経験機械」と呼んでいます。

　そこで、最近では、各人の選好するものが充足されることを幸福とみる考え（選好充足説）が支持されるようになりました。これであれば、順位の高い選好が充足されれば幸福だということになり、選好の原因である快楽自体の量を測定したり比較したりする必要はなくなりますので、①の問題は解決できます。また、選好しているのは真の経験によって得られる快楽であって、仮想の体験による快楽ではないといえますので、②の問題もクリアできます。

ただし、選好充足説には、いくつかの割り切りがあります。死後に結果が出たために快楽を感じる余地のない選好であれ、遠く離れた場所で結果が出たために快楽を感じる余地のない選好であれ、とりあえず充足されれば幸福とする点に割り切りがあります。また、後から見れば（あるいは客観的に見れば）快楽につながらない選好でも、ある時点で選好が充足されれば、それはそれで幸福だと見る点にも割り切りがあります。

　さらには、選好充足説には乗り越え難い問題もあります。1つは選好の強度が無視される点です。例えば、制度の存廃が問題になっているときに、必要性が高いため存続を強く求める人がいたとしても、どちらかといえば廃止といった弱い選好の人が多数を占めれば、廃止が選ばれてしまいます。

　2つ目の問題は、選好が割れる時には、先に述べた多数決のパラドックスが生じることです。例えば、月曜日・水曜日・金曜日の中からごみの収集日を決めるにあたり、A・B・Cの選好が表4のように分かれていた場合、採決をとると月曜日は水曜日に勝ち、水曜日は金曜日に勝ちますが、金曜日は月曜日に勝ってしまいますので、決定できなくなります。

表4

	第1希望	第2希望	第3希望
A	月曜日	水曜日	金曜日
B	水曜日	金曜日	月曜日
C	金曜日	月曜日	水曜日

そして3つ目は、外部的要因が選考を歪めるといった問題です。例えば洗脳によって形成された選好や、貧困のせいで妥協した不本意な選考などが介在する場合に、それらの充足を幸福と呼ぶのには違和感があります。

　このように功利主義の幸福の測定には厳密さを欠く面があり、この点は、誰よりもベンサム自身が認めているところです。それでもなお、功利主義を支持する者が多く存在しているのは、その基本コンセプトに説得力があるからだと考えられます。

(3)　他者危害原理とパターナリズム

　功利主義は自由と結びついています。個人の選好の充足は、道徳や常識などによって制限されないからです。この点について、ベンサムの弟子で功利主義者であるジョン・スチュアート・ミルは、自由が制限されるのは他者に危害を加える場合に限られるという他者危害原理を示しました。

　これと対立する考え方がパターナリズムです。これは、父（ラテン語で pater）が未熟な子を守るように、誤った選好をしそうな相手のために、その判断に介入することを良しとする立場です。

　こうした立場の違いを、次の事例で考えてみましょう。

　公共施設や飲食店等における禁煙・分煙のルールが十分に浸透し機能を発揮するようになったので、政府は、個人の健康に着目し、1日に購入できるタバコの本数を規制することを考えていま

す。

　あなたは、この規制に賛成ですか。未成年者の喫煙を法律で禁止していることと比較しながら考えてみてください。

　喫煙によるタバコの煙が非喫煙者の健康に危害を及ぼしているならば、喫煙の自由を制約する根拠になりますが、禁煙・分煙の社会的制度が十分機能している社会においてタバコの購入本数を制限するのは、パターナリズムに基づく規制と位置付けられます。

　健康を害することを知りながら喫煙を続けることは、あくまでも個人の自由であって国家の介入すべき問題ではないと考えれば、購入本数の制限はすべきではないといえるからです。

　では、なぜ未成年者については、喫煙を禁止しているのでしょうか。まずもって、自己責任を負わせるだけの判断能力が備わっていないことが理由として挙げられます。

　また、未成年のうちに喫煙を始めると、成年後に喫煙を始めた者に比べて、がんや心筋梗塞などになりやすいというデータが存在することも無視できないでしょう。さらに、たばこに含まれる有害物質は血流を低下させ、一酸化炭素による血中の酸素濃度の低下は脳の働きや身体機能を低下させますので、未成年者の本分である学習や運動の妨げになると考えられています。これらのことから未成年者の喫煙については、個人の自由よりもパターナリスティックな規制の必要性の方が上回ると考えられています。

(4) カントの義務論

　ベンサムよりやや年配であるイマニュエル・カント（Immanuel Kant）は、功利主義とは異なる正義の考え方を示しました。1785年に書かれた『人倫の形而上学の基礎付け』で示された定言命令がそれで、具体的には「汝は、汝の格律が同時に普遍的な法則となることを欲することができるような格律だけに従って行為せよ」という考え方です。こうしたカントの倫理は、義務論（あるいは「権利論」）と呼ばれます。

　功利主義との一番の違いは、行為の良し悪しは幸福になるかどうかによってではなく、行為それ自体が定言命令に従っているか否かによって決まると考える点にあります。つまり、義務論は帰結主義ではありません。次の例を考えれば、功利主義との違いは分かりやすいと思います。

　夫婦喧嘩で逆上した夫が、妻を殺害しようと台所に行き包丁を握りました。身の危険を感じた妻は、とっさに家を飛び出し隣の家に逃げ込みました。事情を聞いた隣家の妻は、彼女を風呂場に匿（かくま）いました。数分後、包丁を持った夫がやってきて、隣家の夫に「妻を見なかったか」と尋ねました。このとき隣家の夫は何と答えるべきでしょうか。

　隣家の夫が功利主義者であれば、正直に答えると妻は殺害され夫は犯罪者になるので、嘘も方便、「見かけなかった」と答える

に違いありません。それに対し、義務論によれば、嘘をつくことは悪なので、「風呂場にいますよ」と答えるのが正解と言うことになりそうです。

　しかし、これを正義というのはさすがに問題なので、カントは義務を2種類に分けました。1つは完全義務で、いかなる事情の下でも従わなければならない厳格な義務です。そしてもう1つが不完全義務で、無条件で守る必要はなく、従うことが望ましいとされる義務です。「嘘をつかない」という義務を不完全義務だと考えれば、上の事例でも、隣家の夫は臨機応変な対応ができることになります。

　そうだとすると、功利主義と義務論（権利論）の違いは、完全義務の場面で生ずると整理できることになります。

(5) 功利主義の修正

　では、功利主義と義務論の基本が理解できたところで、フィリッパ・フット（Philippa Ruth Foot）が1967年に考案した有名な「トロッコ問題」を考えてみることにしましょう。

　あなたは路面電車の運転手だとします。ある時点で、運転していた路面電車のブレーキが利かなくなり、電車は猛スピードで暴走を始めました。路面電車の前方には5人の作業員がいますが、もはや彼らには逃げる余裕がないため、このままでは5人をひき殺してしまいます。進行方向を切り替えて退避線に向かうことも

できますが、そこにも1人の作業員がいるので、そちらに切り替えても、1人をひき殺してしまいます。あなたは、どちらを選びますか。

この問題は、多くの哲学者の論争を呼び、いくつもの事例に変形されながら、今日でも様々な議論が展開されています。その中で、有名な事例は次のものです。

あなたは路面電車が通過する場所に設置された歩道橋の上にいます。下を見ると、路面電車が暴走していて、このままでは前方にいる5人の作業員がひき殺されてしまいます。線路に障害物を落として電車を止めることができれば、5人の命は助かりますが、可能性があるとすれば、同じく歩道橋から電車を見ている太った男性を落とすしか方法がありません。
あなたは、この男性を突き落としますか。

さて、あなたが運転手である事例では、どちらを選んでも人をひき殺してしまうことに違いありませんので、進行方向を切り替えることで少しでも被害者を少なくしようとするのではないでしょうか。
しかし、歩道橋の上の事例では、放置すれば自らは誰も殺さずに済むところ、自ら積極的に1人の人間を殺すという手段を選ぶことが「最大幸福」につながるかを考えることになります。線路上の5人も歩道橋の上の1人も、誰一人として死を選好していな

155

いことは明らかです。それに加えて目撃者自身も、殺人を犯すことを選好していません。

こうした状況の中で、何が「最大幸福」かと問われれば、やはり歩道橋の上の2人の選好を充足させるよりも線路上の5人の選好を充足させた方が、多くの幸福を得られるように思われます。

しかし、多くの人は、この結論に疑問を感じるはずです。さほど疑問を感じない方は、歩道橋の太った男性が目撃者の父親（あるいは息子）だったという条件を付け加えてみてください。功利主義者の場合は、「属性にかかわらず1人は1人として数える」という不偏的な考えに従って幸福を測定しますので、太った男が赤の他人であるか、父や息子であるか、といった事情は結論を左右しません。

事実、ベンサムと同時代の功利主義者で『政治的正義』を著したことで有名なウィリアム・ゴドウィン（William Godwin／娘が小説『フランケンシュタイン』の作者であることでも知られています）は、「身内びいき」は公平性に反すると強く主張しています。したがって、太った男が目撃者の父親であると想定した場合に、その人物を投げ落とすことに躊躇を覚える人は、太った人物が赤の他人の場合でも躊躇を覚えるに違いないと整理されることになります。

この点、「殺人は悪」「家族は大切にすべし」といった定言命令に従う義務論の場合には、目撃者が太った男を線路に落とすという手段が選択されることはありません。

さすがにこの違いは無視できないと考えた功利主義者は、原理の修正を図っています。その１つが規則功利主義と呼ばれる立場です。これは、規則を作る段階では功利主義が妥当しますが、一旦規則ができた後は規則に従う義務があると考える立場です。後半部分は、義務論と同じになります。しかし、あらゆる局面で規則が制定されるわけではありませんので、問題の根本的解決にはなりません。

　そこで、現代功利主義を代表するリチャード・マーヴィン・ヘア（Richard Mervyn Hare）が打ち出したのが二層理論です。具体的な行為の決定場面では、功利主義は一歩後退し、まずは直観的に正しいと思う行動をとれば良く、複数の考えが錯綜するなどの理由から直観では決められない場合にはじめて功利主義に従うべきだとする考え方です。この発想は、ヒューリスティックを生み出す脳のメカニズム、すなわちシステム１とシステム２に対応している点で、説得力があるのではないでしょうか。

　このように功利主義は様々な批判を踏まえながら修正を加えてきた結果、現在なお多くの支持を受けています。

(6)　ジョン・ロールズの『正義論』

　その一方で、功利主義を徹底的に批判する形で登場したのが、ジョン・ロールズ（John Bordley Rawls）です。大雑把にいうならば、ロールズの正義論は、カントの義務論の現代版です。

　ロールズは、かつてホッブズやジョン・ロックさらにはルソー

などが用いた社会契約論の着想を復活させ、原初状態を想定することから始めます。そこではすべての人が、無知のヴェールをかぶっていると仮定されます。このヴェールは、社会に関する一般的事実は覚えているものの、自分の利害にかかわることはすべて忘れている状態を作り出します。また、人々は相互に無関心な状態にあると考えられ、自らの幸福を犠牲にして他人の幸福を願ったり、他人の幸福に嫉妬したりする感情は持っていないと仮定されます。このような状態で人々がルールを作るとしたならば、そこでマキシミン戦略がとられるだろうとロールズは考えます。

マキシミン戦略とは、複数の選択肢からどれかを選んで行動しなければならない場合、それぞれの行為が最悪の事態を招いた時の利得を比較し、利得が最大になる（損失が最小になる）行動を選択するというものです。例を挙げて考えてみましょう。

企業Aと企業Bがそれぞれ3つずつの事業計画から1つを選択しようとしています。それぞれの選択によって、A・Bが得る利得ないし被る損失は表の通りです。A・Bがいずれもマキシミン戦略をとった場合、どの組み合わせが選ばれるでしょうか。

		企業B		
		計画①	計画②	計画③
企業A	計画1	(5,2)	(-3,6)	(4,-4)
	計画2	(-1,9)	(6,1)	(8,-2)
	計画3	(3,-5)	(7,-1)	(-8,5)

企業Ａの場合、計画１の最大損失は－３、計画２の最大損失は－１、計画３の最大損失は－８ですから、その中で最も被害が小さい計画２が選ばれます。

　同様に、企業Ｂの場合、計画①の最大損失は－５、計画②の最大損失は－１、計画③の最大損失は－４ですから、その中で最も被害が少ない計画②が選ばれます。その結果、Ａが計画２、Ｂが計画②を選びますので、両者の利得は（６，１）ということになります。

　ロールズは、原初状態において無知のヴェールをかぶった人々がマキシミン戦略をとったとするならば、次の正義の２原理を選ぶことになるだろうと主張します（ここでは、ロールズの厳密な用語法そのものではなく、そのエッセンスを示すことにします）。

第１原理（平等な自由原理）
　すべての人は、最大限の基本的な自由を、他の人の同様の自由と両立する形で持つ。

第２原理
　社会的・経済的不平等は、次の２つの条件を共に満たす場合に限り許される。
　①公正な機会均等という条件の下で、公職と地位が万人に開かれている（公正な機会均等原理）
　②正義にかなった貯蓄原理と整合的であり、最も不遇な人々の最大の利益になる（格差原理）

第1原理は、自分の基本的な自由が奪われるといった最悪の事態を回避するためには、他人の自由を奪わないという戦略をとるだろうということを前提としています。

　第2原理のうち格差原理は、自分が最も不遇な人（ロールズは社会全体の平均所得の半分以下しか所得を得られていない人、すなわち相対的貧困層を念頭に置いています）かもしれないという想定の下では、社会的・経済的不平等が自らにもたらす被害を最小化するという戦略をとるだろうという前提に立っています。

　分かりにくいのは、「正義にかなった貯蓄原理」でしょう。これは、最も不遇な人々の利益を最大化するためであっても、将来世代につけを回してはならないという意味です。

　公正な機会均等原理は、社会的・経済的不平等が許されるのは、あらゆる場面で等しくチャンスが与えられていることが条件で、とりわけ公職や高い地位に就く可能性が平等に与えられていることが必要だという意味です。

　正義の2原理はそのままでは衝突することになりますので、ロールズは、これに辞書的順序（上位の原理が満たされて初めて下位の原理が働くという形での順序）を設けました。それは、第1原理＞公正な機会均等原理＞格差原理の順です。具体例で考えてみましょう。

　最も不遇な家庭に育った子どもが被る教育格差を是正するために、大学に優先合格枠を設け、彼らの合格点を一般の受験生の合

格点より低く設定する政策は、ロールズの正義の2原理に照らして正しいといえるでしょうか。

　この政策は、格差原理を最も優先させることで、一般受験生の教育を受ける権利を制限し、公正な機会均等原理も損なう結果となっています。したがって、辞書的順序に即していないということができます。

　そこで、これらを踏まえて、格差原理が具体的にどのように作用するかを考えてみましょう。

　宇佐美誠ほか『正義論』で示されている例を参考に、設問を作ってみました。

　自由主義経済体制と計画経済体制の下で、A・B・Cがどれだけの所得を得るかを比べたところ、次のような結果が出たとしましょう。この場合、どちらの経済体制をとることが格差原理にかなっていることになるでしょうか。

	自由主義経済体制	計画経済体制
A	10	8
B	6	3
C	2	1

　第1原理が問題とする基本的な自由とは、思想・良心の自由、人身の自由、財産権、表現の自由、結社の自由、政治活動の自由、教育を受ける権利などを指すと考えられます。

したがって、これらが保障されているのであれば、経済活動を計画経済の下に置くことは第1原理によって否定されるものではありません。さらに公正な機会均等原理も満たされていると仮定するならば、後は格差原理によって体制が選択されることになります。先の事例では、自由主義経済体制の平均所得は9でその半分は4.5、計画経済体制の平均所得は6でその半分は3ですから、いずれの体制でもCが最も不遇な人にあたります。

　その人の利益が最大化されるのは自由主義経済体制ということになりますから、格差原理からして、自由主義経済体制を選択することが正義だということになります。

　以上のようなロールズの立場を、一言で表現するとするならば、福祉国家型のリベラリズムということになるでしょう。

(7) ロールズ『正義論』への批判と
　　　政治的リベラリズム

　ロールズが想定した原初状態とマキシミン戦略については、様々な批判が向けられています。

　まず、「白熱教室」というテレビ番組で一世を風靡したマイケル・サンデル（Michael Joseph Sandel）は、ロールズが想定する人間像を批判します。ロールズは、社会から切り離され、何ら属性を持たない人々によって正義の2原理が選択されると考えますが、サンデルは、人間は共同体の中で様々な属性を持って生まれるので、それを前提に議論すべきだと主張します。こうした立場は、

コミュニタリアニズムと呼ばれます。また、経済学者であるジョン・ハーサニ（John Charles Harsanyi）は、ロールズが無知のヴェールをかぶった人々は原初状態でマキシミン戦略をとると主張したことを鋭く批判しました。むしろ、それぞれの事象が発生する確率を計算し、期待効用の最大化を図る戦略をとると考えるのが正解だと主張しています。

　こうした批判を受けて、ロールズは新たに政治的リベラリズムという立場をとるようになりました。これは、自らが主張してきた「公正なる正義」に基づく社会以外にも、秩序だった社会はありうるとし、その並存を許容する考え方です。

　これを捉えて、ロールズは転向したのかが議論を呼びましたが、そもそもロールズの意図は、「普遍的に正しい」正義を提示したのではなく、現に社会が受け入れている正義を「よりよく説明する」理論を提示しただけだと考えれば、政治的リベラリズムとの間に矛盾はないと考えられます。

(8)　ロールズ以後の正義論

　ロールズの議論は、それまで圧倒的支持を集めていた功利主義を鋭く批判するインパクトを持ったため、その後の正義論は、ロールズを起点として展開されるようになりました。その重要な問題提起が、先ほど紹介したマイケル・サンデルのコミュニタリアニズムであることはいうまでもありません。

その一方で、分配されるものに着目しながら、ロールズの正義論を批判的に承継する人たちも出てきました。例えば、ノーベル経済学賞を受賞したアマルティア・セン（Amartya Sen）は、「財」の分配にだけ関心を持つロールズを批判し、その財を活かす能力（ケイパビリティ）に着目すべきだと主張しました。各人に等しく自動車を与えたからといって必ずしも公平だといえず、運転できる人とできない人がいることを考えなければならないというわけです。

　ケイパビリティ論の難点は、何がケイパビリティかがわかりにくいという点にあります。そこで、マーサ・ヌスバウム（Martha Craven Nussbaum）は、人間の中心的ケイパビリティのリストを示すことで、この理論を進化させています。

　この本で何度も出てきたドゥウォーキンも、この分配論争に加わりました。彼は、センの発想を踏まえ、公平に分配されるべきは単なる「財」ではなく、自分にとって役に立つ「資源」だと主張しました。その上で、公平さとは、他人を羨ましいと思わない形で資源が配分されている状態だとし、その手段としてオークションを重視するとともに、自然災害による資源の喪失にそなえる保険の重要性も指摘しました。

　また、ドゥウォーキンは、完全な結果的平等を求めたのではなく、信念に基づく選択の結果については責任を持たなければならないとして自己責任を唱えました。

　この自己責任に反応したのが、リチャード・アーネソン（Richard J. Arneson）です。彼は、各人が自らの選択について自己責任を

負わせるためには、各人が有する選択肢への期待値の総和が平等である必要があると主張しました。すなわち、公平に分配されるべきは「厚生への機会」だというわけです。その後、こうした平等と自己責任の問題は、運をどのように扱うかをめぐって論争が続いています。

(9)　ネオ・リベラリズムとリバタリアニズム

　以上の議論はいずれも、個人の自由と責任を念頭に置きながらも、主として公正な分配を追求する立場です。それに対し、古典的なリベラリズムに立ち返ることで、より自由を重視しようとする立場も主張されています。

　古典的なリベラリズムは、人間の「理性」が自由な社会を構想すると考えたジョン・ロックと、人間の「欲求」が自由な社会を進化させると考えたデイヴィッド・ヒューム（David Hume）やアダム・スミス（Adam Smith）とに分かれます。

　後者の立場を復活させたのがフリードリヒ・ハイエク（Friedrich August von Hayek）です。彼は、個人の意思決定を尊重することで、市場の自生的秩序を機能させることが正義をもたらすと主張しました。ただし、政府の市場介入を一切認めない立場ではなく、市場を維持・発展させるためには、市場が作り出す弱者の救済を過不足なく行うことが必要で、そのためには「法の支配」に基づく立法府改革が必要だと主張しました。同じく市場を重視する立場の中には、ミルトン・フリードマン（Milton Friedman）のよ

うに、政府の市場介入を極力排除しようとする立場もみられ、これを一般にネオ・リベラリズムといいます。

　一方、ロックのような考え方を復活させたのが、ロバート・ノージックです。彼が経験機械で功利主義を批判したことは先ほど紹介しました。彼は、個人の自由はロックのいう自然権であって、幸福の最大化や公正な分配よりも優先される絶対的価値だと主張します。そのため、国家は、処罰権を独占することで、国民の生命と財産を守ることだけに専念する最小国家であるべきだと主張します。こうした立場をリバタリアンといいます。

　では、リバタリアンは先ほど紹介したパターナリズムとは水と油の関係なのでしょうか。もう一度、喫煙の規制の話で考えてみましょう。

　公共施設や飲食店等における禁煙・分煙のルールが十分に浸透し機能を発揮するようになったので、政府は、個人の健康に着目し、喫煙が原因で肺ガンになった患者の肺のレントゲン写真をタバコのパッケージに印刷することをタバコメーカーに義務付けようと考えています。

　喫煙が肺ガンの発症率と一定の因果関係を持つことを前提に、この規制の是非を考えてください。

　リバタリアンの立場であれば、タバコメーカーがタバコを製造・販売する自由を最大限保障すべきと考えるでしょうが、商品が消

費者の健康に危害を与える可能性があるため、一定の制約を受けることは認めざるを得ないでしょう。

他方で、自らの健康を害するかどうかは自己責任の領域なので、例えば一日に購入できるタバコの本数を制限するなどといった規制には強く反対するはずです。

では、このパッケージに関する規制はどうでしょうか。肺のレントゲン写真を見ても、喫煙を続ける自由は保障されています。そのため、リバタリアンの中には、これは人々の選択の自由を制限するものではなく、選択を誘導（ナッジ）しているにすぎないとして許容する立場も見られます。これをリバタリアン・パターナリズムと呼んでいます。

写真を使って喫煙による健康被害を訴えるパッケージ。2009年、タイで撮影されたもの。（写真：時事通信フォト）

4 | 4象限マップ

　以上、様々な正義論を紹介しましたので、頭が混乱した方も多いでしょう。そこで、最後に、これまでの議論を踏まえて、法的思考を評価する際の4象限マップをご紹介しておきましょう。縦軸に政治的自由度（国家の介入の大きさ）を取り、横軸に経済的自由度を取ります。それによって生ずる4つの象限に、これまで述べた考え方をマッピングすると、図5のようになります。

　この図には、経済的自由度は高いが政治的自由度は低いといったゾーンがあります。ここには、伝統的な価値観を重んじるために、ある部分で政治的自由度が低くなる考え方（いわゆる保守主義）がマッピングされます。また、自由主義経済体制を是としない立場であるために本書では取り上げてきませんでしたが、共産主義・社会主義の帰結をあえて現象面だけでマッピングすると、左下の部分に位置づけられることになります。

　こうした正義の見取り図は、法的思考を駆使する際に、その背後に見え隠れする価値判断を確認する上で有益です。

　是非とも、それぞれの立場がなぜその位置にマッピングされるのかを、ご自身で考えてみてください。

図5

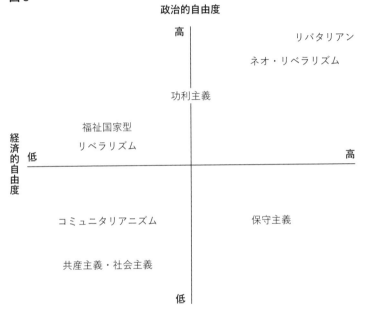

政治的自由度

高

リバタリアン

ネオ・リベラリズム

功利主義

福祉国家型
リベラリズム

経済的自由度

低 高

コミュニタリアニズム 保守主義

共産主義・社会主義

低

第 5 章

法的思考を
使ってみよう

1 | 元号法

　これまでの議論を踏まえて、法的思考を実践的に使ってみましょう。まずは元号法という法律の点検をしてみましょう。

　元号に反対する人が、元号は国民が有する「連続する時間」を切断し、その寸断された時間の中で天皇とともに生きることを強いるものなので、憲法が保障する「個人の尊厳」を侵害すると主張しています。
　あなたは、この意見に賛成ですか。

　長らく元号は、天皇陛下が即位した時だけではなく、何らかの祥瑞（しょうずい。めでたい出来事）があった時や災禍に見舞われた時に改められてきました。
　しかし、明治以降は、大阪町人の私塾「懐徳堂」の学主・中井竹山（積善）と水戸の「彰考館」で活躍した藤田幽谷（一正）の進言を受けて、岩倉具視が中心となって「一世一元」の制度を採用したため、天皇陛下の在位中は改元されない形になりました。
　戦後、天皇陛下は日本国民統合の象徴とされ皇室典範が制定されましたが、そこには元号に関する規定は設けられませんでした。なぜなら日本政府は、別途、元号に関する法律を制定する予定だったからです。しかし、その法案をGHQに提示したところ、天

皇陛下の問題をナーバスに捉えていたケーディス政治局長代理が「占領が終わってから勝手にやればよい」と述べて反対したため、元号の法制化は一時的に断念されました。

そのため「昭和」という元号は「事実たる慣習」として存続することになりましたが、法的根拠があいまいな状況が続いたことから、次第に将来の改元が滞りなく行えるかを危惧する声が高まりました。一方で、元号を廃止し西暦に統一すべきとの意見もありましたが、明治から 100 年を迎えた 1968（昭和 43）年ごろから元号の法整備を求める機運が高まり、1976（昭和 51）年に行われた天皇陛下在位 50 年の奉祝行事をきっかけに、元号法の制定作業が本格化しました。

天皇陛下の地位に否定的な立場をとる共産党や批判的な立場をとっていた社会党（当時）は元号廃止の論陣を張りましたが、保守系の民間団体が積極的に働きかけた結果、沖縄を除く全国の都道府県議会と 1,500 を超える市町村議会で「元号法制化に関する決議」がなされました。

もちろん、その裏には、慣れ親しんだ元号の存続を求める多くの国民の声があったことはいうまでもありません。こうした声を背景に、1979（昭和 54）年に衆参両院の賛成多数で元号法が可決成立し、元号に法的根拠が与えられました。

この元号法は、わずか 2 条からなる簡潔なものですが、そこには「皇位の継承があった場合に限り改める」という「一世一元」が明記されています。そこで、数年前、譲位により新たに天皇陛

下が即位された際に、「令和」への改元が行われました。元号法
1条によれば「元号は、政令で定める」ものとされているので、
その選定も発表も政府の責任で行われました。

　以上のことから分かるように、元号法は、戦後の憲法の下で、
国民的な議論を尽くした上で制定されたもので、戦前の価値観を
押し付けているものではありません。また、実際に元号を使うか
否かは国民の自由に委ねられていますので、憲法が保障する基本
的人権を不必要に制約するものとは考えにくいでしょう。

　では、元号は国民の有する「連続する時間」を切断するものだ
という主張は、説得力を持つものなのでしょうか。物理学の議論
を見てみましょう。

　古典力学を確立したアイザック・ニュートン（Isaac Newton）
は、その著書『自然哲学の数学的諸原理（プリンキピア）』の冒
頭で運動量や質量を定義づけました。そこでは、ガリレオ・ガリ
レイ（Galileo Galilei）の相対理論を承継し、ほとんどすべての
物理的現象を観測者との関係で相対的に定義づけたのですが、な
ぜか時間と空間だけは絶対的なものとされました。すなわち、時
間とは「絶対的な」ものであり、「真の数学的な時間は、それ自
体で、そのものの本性から、外界のなにものとも関係なく、均一
に流れ」るものと捉えられたのです（河辺六男編『世界の名著
26　ニュートン』中央公論社）。

　これに疑問を呈し、根底から覆したのがアルベルト・アインシ
ュタイン（Albert Einstein）の相対性理論であることはいうまで

もありません。アインシュタインによれば、時間と空間は決して絶対的なものではなく、エネルギーの影響を受けて、ゴムのように伸びたり縮んだりする相対的なものにすぎないとされました。

　この伸び縮みによって生ずるゆがみが物理現象の伝わり方に変化を与えるのであり、これこそが重力の作用ということになります。言い換えれば、時間と空間（すなわち時空）は一体のものであって、それがエネルギーの影響で伸び縮みすることで「重力場」という実体を作っていると考えたわけです。

　このことは、宇宙線が地球の大気に衝突することで生まれるミューオンと呼ばれる素粒子が、本来の寿命からすれば届くはずのない地表に、難なく届くといった現象によって実証されています。地球のエネルギーによって、大気と地表との間の空間が縮み、ミューオンの進むべき距離が短くなると同時に、時間が遅れることでミューオンの寿命が延びた（浦島太郎の話になぞらえて、日本ではウラシマ効果と呼びます）と考えられるからです。さらに2002（平成14）年から翌年にかけて日本の通信総合研究所（現在の情報通信研究機構）が行った実験では、標高差のある場所に設置されたセシウム原子時計を比べると、標高が高いほど時計は早く進み、標高が低くなるにつれてゆっくりと進むことも実証されています。

　かくして、アインシュタインの相対性理論によって、時間は場によって異なるものであって、ニュートンが前提としたような絶対的な流れは存在しないことが明らかになりました。

しかし、物理学はそれにとどまらず、1920年代後半に登場した量子論によってさらなる展開を見せています。量子論とは、粒子の速度や場の強度などの物理量はそもそも揺らぎを持つもので、1つの値に確定できないといった理論です。

　今、世界の物理学者の多くは、この量子論とアインシュタインの重力論とをどのように結びつけるかといった難題に、躍起になって取り組んでいます。有名な「超ひも理論」もその1つですが、時間論との関係で最も画期的なのは、いわゆるループ量子重力理論です。

　この理論の源流は、1960年代に発表されたジョン・アーチボルト・ホイーラー（John Archibald Wheeler）とブライス・ドゥィット（Bryce DeWitt）の研究に遡ります。彼らは、138億年前のビッグバン以降膨張し続ける宇宙空間を量子論的に記述するための方程式を作りましたが、そこには時間変数は含まれていませんでした。

　つまり、量子論の世界では時間変数は不要であることが明らかになったわけです。この考え方を発展させ、端のない曲線（ループ）が相互に作用し合うネットワーク（スピンネットワーク）によって物理現象を説明するのがループ量子重力理論ですが、そこには時間も空間も存在していません。あるのはただ、とびとびになった特定の時刻だけであって、「時間が流れる」という考え方自体が完全に否定されているのです。

では、人はなぜ「時間」というものの存在を感じるのでしょうか。時間の存在を否定するループ量子重力理論からは、人々は、エントロピー（entropy）が増大していく感覚を時間の流れとして錯覚しているのだと説明されます。

　エントロピーとは、本来、熱力学における不可逆性の度合い（元に戻りにくい度合い）を数値化したもので、熱量を絶対温度で割ったものですが、断熱系で不可逆過程が起こるとこの数値は増大することから、エントロピー増大の法則（熱力学の第二法則）が導かれます。さらに、熱力学を分子の運動から説明する統計力学では、エントロピーとは分子の「乱雑さ」を表す指標として捉え直されており、エントロピー増大の法則は、物事が徐々に乱雑さを増していく現象として表現されます。

　要するに、我々は、エントロピー（元に戻りにくい度合い・乱雑さ）が増大する現象に遭遇することで、不可逆性を感じるのであり、その結果、物事には一方通行の流れがあるかのような感覚を覚え、それが時間として意識されているというわけです。

　このように「連続する時間」というのは、私たちの感覚でしかないことが分かります。それでもなお、それを区切ることに反対する必要はあるのでしょうか。それとも西暦というのは、区切らずに用いることに価値がある絶対的なものなのでしょうか。

　古代ギリシアの歴史家といえば、『歴史』を著したヘロドトス（紀元前485-425年ごろ）と『戦史』を著したトゥキュディデス（紀元前460-400年ごろ）が双璧をなします。

これらは、どちらかといえば、歴史書と言うよりは文学作品であって、そこに明確な歴史観を見出すことは難しいといわれています。また、古代ギリシア哲学者の著作にも、歴史を扱ったものはほとんど存在していません。

　しかし、ドイツの哲学者カール・レービット（Karl Löwith）によれば、そこには同じ出来事が繰り返されるのが歴史であるといった循環的・回帰的歴史観があったと考えられます。現実には同じ出来事でないにもかかわらず、既に経験した出来事が再び繰り返されているかのごとき感覚（いわゆるデジャヴ déjà vu）に遭遇することが、そうした歴史観を生み出したものと考えられます。したがって、少なくともこの時代の人類にとっては、時間が連続して流れるといった意識は存在していなかったといえるかもしれません。

　こうした時間の感覚を大きく覆したのがキリスト教の歴史観です。天地創造の神に背き罪（原罪）を犯した人間が、神の摂理を示す歴史を通じて救済され、永遠に神の祝福の下にある新天新地に至るといった歴史観を指します。ノア契約、アブラハム契約、モーセ契約による救済を経た後、旧約聖書の予言は新約聖書の歴史によって実現されます。救い主はイエスという名の人間になって（受肉し）、この世降誕した後、人間の罪の身代わりとなって昇天しました。その後、聖霊が弟子たちに降臨し、信者の中に聖霊が内在することになりましたが、やがて人類は終末を迎え、メシアの再臨、千年王国、人の復活、最後の審判を経て、新天新地

に至ることになります。

　こうした歴史観は、キリストの人性を否定するグノーシス派に対抗するために、紀元前2世紀ごろにアンティオキアのイグナティウスが提唱したものと考えられています。

　こうして宗教的観点から、時間を直線的流れととらえた人類は、初めて暦というものを生み出します。西暦が、イエス゠キリストの生誕の年（主の年を意味するラテン語 anno domini の頭文字をとって A.D. と表記される）を基準としており、それより前を B.C.「キリスト前（Before Christ）」と表記することはよく知られている通りです。しかし、このキリストの生誕を起点とする暦が作られたのは実は 525 年のことで、実用的な理由とキリストへの信仰とが結びついた産物であったといわれています。

　中世において復活祭の日付を計算するのは容易な作業ではありませんでした。復活祭は、ユダヤ教の祭りを基準に定められる関係で 1 年を 354 日とする太陰暦に関連付けられるとともに、キリストは日曜日に復活したという聖書の教えを加味しながら計算されるため、年によって日付が複雑に移動する形になっていたからです。そのため、特定の修道士が選定され、その計算の任に当たってきました。6 世紀に教皇ヨハネス 1 世によって選任されたディオニシウス・エクシグウス（470-544 年ごろ）は、復活祭の日を定める作業を進める中で、復活時のイエスの年齢を 30 歳とする当時の聖書研究者の見解と復活祭の日付が一巡するのは 532 年周期という知識などを駆使し、苦労の末にキリストの生誕年を

特定しました。

　当時のローマでは、すでに時間は直線的に流れるという考えの下で暦が作られていましたが、キリスト教を迫害したディオクレティアヌス帝の即位の年を起点としていたことから、ディオニシウス・エクシグウスは、これをキリストの生誕年を起点とすべきだと考え、その翌年を1年とする暦に作り替えます。しかし、この暦は長い間忘れ去られ、西欧諸国で一般的に普及するようになったのは、ローマ教皇の権力が強大化した15世紀以降でした。

　このディオニシウス・エクシグウスの暦には、いくつかの問題点があります。1つは、キリストの生誕年の翌年を1年としたため、ゼロ年が存在しないとすれば、キリストの生誕年は「紀元前B.C（Before Christ）」になってしまうという点です。そして2つ目は、現在の聖書研究によればキリストの本当の生誕年は、少なくとも紀元前4年以前であることが判明しているという点です。

　このように、現在我々が西暦として利用している暦も、実はキリスト教という宗教に深く結びついており、しかも、極めて人為的な産物にすぎないということです。つまり、元号に反対する人が「連続する時間」といっているものの正体は、キリスト教的世界観に根差した慣習でしかないわけですから、それを区切ることが本質的に許されないというのは言いすぎだといわなければなりません。要するに、時間の捉え方は多様であって構わないのであり、各人が好きな方法で暮らしの中に取り入れればよいことになります。

そこで次に、元号法に反対する主張の価値判断を吟味してみましょう。元号を使うか使わないかは経済的厚生や経済的自由に直結しませんので、功利主義者であれ、リバタリアンであれ、福祉国家型リベラリストであれ、自由が侵害されていないかだけが関心事ということになります。現行法の下では、元号の使用は強制されていませんので、使うか使わないかは各人の自由です。したがって、リベラルの立場からは、反対論は出ないことになるでしょう。

　では、元号に反対している人の本当の理由は何なのでしょうか。彼らが真に反対しているのは、時間を区切ることそれ自体ではありません。日本には伝統的に干支というものがあり、十二支に結びつけて時間を区切っていますが、彼らはおそらく「連続して流れる時間を動物に結びつけて区切るのは、日本国憲法が保障する『個人の尊厳』を傷つけるもので許されない」などと主張して、裁判を起こすことは考えられないでしょう。つまり、彼らが反対しているのは、その時間の区切りの基準を天皇陛下の在位に結びつけることであって、その根底には天皇陛下を象徴とすること自体への批判があることは明らかです。そうだとすれば、彼らの主張は憲法改正問題として提起すべき事柄であって、国民投票によって決めるべき問題だということができます。

　このように、時として法律論はホンネを覆い隠しながら展開されるものです。だから「法的思考」を使う際には、常にこの点を

意識し、深い洞察をもって本音を浮き彫りにした上で、形式的な論拠が独り歩きしていないかどうか、形式的な論拠に惑わされていないかどうかを吟味する姿勢が大切となります。

　その際に重要になるのが、法律学以外の分野の知見です。すでに述べたルーマンのシステム理論によれば、法のシステムは閉じていて、科学や文化や政治などといった他の社会システムと並立していると考えられますが、そうだからこそ学際的知見が重要になってきます。いわゆる「法と経済学」が新しい知見を生み出すように、「法と科学」や「法と文学」などいった知的交流が法的思考の歪みを是正する上で重要になります。

　もうお気づきですね。本書では随所に科学の話や文学の話を盛り込んできました。そうした視野の広さこそが、法的思考を洗練したものに磨き上げてくれるのです。

2 足利事件

次に、事実認定の問題として、足利事件を取り上げてみましょう。

1990（平成2）年5月12日午後6時30分ころ、栃木県足利市にあるパチンコ店で父親がパチンコをしていたところ、同店の駐車場付近から当時4歳の女児が行方不明になり、翌13日午前10時20分ころ、同市内の渡良瀬川左岸河川敷において遺体で発見されました。

栃木県警察は捜査の結果、女児の半袖下着に付着していた精液のDNA型や血液型と一致するAを容疑者として特定し、任意同行の上、取り調べを行い、自白を得て、逮捕しました。その後の裁判でA氏の無期懲役が確定しましたが、再審請求を受けて2009（平成21）年にDNAの再鑑定が行われた結果、不一致であるとの結果が出たため、2010（平成22）年、A氏の無罪が確定しました。

この冤罪事件の背景には、DNA鑑定への過信があったことは明らかです。最終的には、より精度の高いDNA鑑定によって当時の鑑定結果の間違いが判明したわけですが、それだけではなく、検察官及び裁判官による鑑定結果の取り上げ方にも問題があったといわれています。

本件では、被害者の半袖下着に付着していた精液と捜査段階で押収したティッシュペーパーに付着していた被告の精液のDNAのうち、検出できた部位を用いてMTC118型鑑定が行われました。MCT118型には325通りの組み合わせがありますが、本件では16－26型が検出されました。

　また、血液型もB型で、Le（a-b+）型：分泌型である点も一致しました。DNA及び血液においてこれらの型が一致して現れる確率を計算したところ、次のような数値が得られました。

DNA16－26型の出現頻度	0.83％
血液型B型の出現頻度	22.1％
Le（a-b+）型：分泌型の出現頻度	67.8％
これらが同時に出現する確率	0.12437％

　検察官は、同時発生の確率が0.12437％あることを強調したのに対し、第一審である宇都宮地方裁判所の裁判官は「前記同一DNA型などの出現頻度に照らすと、人口10万人あたり120人の同一型を持つ者の存在が推定されるだけでなく、地域の閉鎖性の程度等によっても出現頻度が異なる可能性があるのではないかと考えられ（例えば、足利市周辺において、16－26型が日本人平均におけるそれよりも高頻度で出現する可能性がないと認めるだけの証拠はない。）、その意味において、同一DNA型出現頻度に関する数値の証明力を具体的な事実認定においていかに評価するかについては慎重を期す必要がある。しかしながら、この点を念頭に置くにせよ、血液型だけでなく、325通りという著しい多

型性を示す MCT118 型が一致したという事実が一つの重要な間接事実となることは否定できず、これに先に上げた諸事実をも併せ考慮すると、本件においては被告人と犯行の結びつきを強く推認することができる」と述べました。

　この判決文は、どこが不合理なのでしょうか。

　もう分かりましたね。同時発生の確率である 0.12437％から、人口 10 万人あたり約 120 人の一致者がいる点に言及したのは正しい認識です。

　しかし、そうだとすると、足利市の人口は約 14 万人ですから約 168 人が容疑者になり得たわけで、A が犯人である確率は、168 分の 1 すなわち 0.59％にすぎなかったことになります。

　栃木県全域に犯人がいる可能性を考えれば、栃木県全体の人口は約 190 万人ですから約 2,280 人の容疑者がいるわけで、A が犯人である確率は、2,280 分の 1 すなわち 0.043％という極めて低い数値になるわけです。

　それ以上に不合理なのは、こうした懸念を払しょくする理由として、325 通りという著しい多様性の中で同じ DNA16 − 26 型が出現したことを挙げている点です。DNA16 − 26 型の出現率は 0.83％ですから、足利市だけでも約 1,162 人、栃木県全体では約 15,770 人もの容疑者がいる計算になります。

　言い換えれば、A が犯人である確率は、犯人が足利市にいる場合でも 0.086％、栃木県全域にいるとした場合には 0.0063％と著しく低い数字になります。

だとすれば、裁判官は、Ａが犯人である確率の低さを、より低い確率のものを持ち出して打ち消したわけで、全くもって不合理な論理だったといわざるを得ません。

　冤罪事件の背景には様々な原因が横たわっていますが、法的思考の稚拙さに起因するのは大変残念なことです。

　ネットの書き込みなどの中にも、誤った論理で犯人を決めつけるものが少なくありません。人間の思考は様々なバイアスで歪むものだという謙虚な姿勢こそが、冤罪を防ぐ第一歩だということを、改めて強調しておきたいと思います。

3 | 部屋割り問題と マーケット・デザイン

　最後に、坂井豊貴著『マーケットデザイン』を参考に、「法的思考」に根本的な見直しを迫る議論を紹介したいと思います。次の問題を考えてみてください。

　学生寮に４人の学生①②③④が住んでいて、学生寮には４つの部屋１、２、３、４があります。現在４人は、自分と同じ数字の部屋に住んでいます。しかし、彼らが住みたい部屋の順位は、次の図の通りで、誰も満足していません。そこで、全員で集まって部屋割りをやり直すことにしました。

順位　　人名	1位	2位	3位	4位
①	4	3	2	1
②	3	4	2	1
③	2	4	1	3
④	3	2	1	4

　最初に決め方が話し合われ、寮監である先生が案を提示し、全員が異議を申し立てなければその案に従うことが決まりました。

全員が現状より改善される組み合わせは複数ありますが、今、寮監は次のＡ案とＢ案のいずれかを提示しようと考えています（白が新しい部屋）。全員の同意を得るためには、どちらの案を提示するのが合理的でしょうか。

Ａ案

順位 人名	1位	2位	3位	4位
①	4	3	2	1
②	3	4	2	1
③	2	4	1	3
④	3	2	1	4

Ｂ案

順位 人名	1位	2位	3位	4位
①	4	3	2	1
②	3	4	2	1
③	2	4	1	3
④	3	2	1	4

功利主義の観点から吟味してみましょう。各人の選好の充足に点数をつけてみると、例えば１位を４点、２位を３点、３位を２点、４位を１点とすれば、Ａ案は４＋４＋２＋３で13点、Ｂ案は４＋４＋４＋２で14点となりますから、Ｂ案が選ばれることになります。しかし、ここには、もう一つＢ案が選ばれる理由が隠されています。

　仮に寮監がＡ案を提示した場合、③の不満が十分に解消しません。ここで②と③が親友だったと仮定した場合、③は②に２人だけで部屋を交換しないか（抜け駆けをしないか）と持ちかけるはずです。

　これが実現すれば、どちらも第一希望の部屋に入れるからです。②がこれに同意すれば、Ｂ案と同じになります。それに対し、Ｂ案の場合には、どの組み合わせをとっても抜け駆けの心配はありません。

　マーケット・デザインの世界では、この抜け駆けをブロックと呼び、ブロックが生じない組み合わせを強コア配分といいます。

　この部屋割り問題における強コア配分には、驚きの事実が２つ存在します。１つは、1974年にロイド・ストウェル・シャプリー（Lloyd Stowell Shapley）とハーバート・スカーフ（Herbert Eli Scarf）が証明したもので、部屋割り問題には強コア配分が必ず存在するというものです。

　そしてもう１つは、1977年にアルヴィン・ロス（Alvin Elliot Roth）とアンドリュー・ポスルウェイト（andrew postlewaite）が証明したもので、部屋割り問題における強コア配分はたった１つしか存在しないというものです。

ここで気になるのが、部屋割り問題における強コア配分と功利主義の関係です。先ほどのA案・B案では、功利主義によっても強コア配分によってもB案が支持されました。しかし、次の事例を考えてみましょう。

　寮に住んでいる学生が7名だったとします。各人の部屋割りの希望順位は下図の通りで、現在はいずれも希望順位の低いところ（黒く塗られた部屋）に住んでいるとします。

順位 人名	1位	2位	3位	4位	5位	6位	7位
①	5	6	7	**1**	2	3	4
②	3	4	5	6	7	1	**2**
③	4	5	2	7	1	**3**	6
④	1	2	3	**4**	5	6	7
⑤	4	**5**	2	3	6	7	1
⑥	7	1	2	3	4	5	**6**
⑦	1	**7**	4	5	6	3	2

　寮監は、A案かB案のどちらかを提示しようと考えています（白が新しい部屋）。どちらの案が合理的でしょうか。

A案

順位 人名	1位	2位	3位	4位	5位	6位	7位
①	5	6	7	**1**	2	3	4
②	3	4	5	6	7	1	**2**
③	4	5	2	7	1	**3**	6
④	1	2	3	**4**	5	6	7
⑤	4	**5**	2	3	6	7	1
⑥	7	1	2	3	4	5	6
⑦	1	7	4	5	6	3	2

B案

順位 人名	1位	2位	3位	4位	5位	6位	7位
①	5	6	7	**1**	2	3	4
②	3	4	5	6	7	1	**2**
③	4	5	2	7	1	**3**	6
④	1	2	3	**4**	5	6	7
⑤	4	**5**	2	3	6	7	1
⑥	7	1	2	3	4	5	**6**
⑦	1	**7**	4	5	6	3	2

功利主義的観点からすれば、B案の方がA案よりも多くの選好を充足していることは明らかです。しかし、この案を提示すると、①④⑤が抜け駆けをする可能性が出てきます。3人で交換すれば、全員が第一希望に住むことができるからです。

　それに対し、A案は、誰も抜け駆けができない唯一の強コア配分なのです。手作業でこの強コア配分を見つけ出すことは至難の業でしたが、現在は、デビッド・ゲール（David Gale）によって考案されたトップ・トレーディング・サークル・アルゴリズム（TTCアルゴリズム）によって簡単に見つけ出すことができます。

　考え方は簡単です。最初に参加者の希望を矢印で確認します。まず今住んでいる部屋番号から矢印を書いて、その先に第一希望の部屋番号を書きます。1→5、2→3、3→4、4→1、5→4、6→7、7→1という形になります。この矢印をつないでみると、最初の番号と最後の番号が同じになるサイクルを見つけることができます。ここでは、1→5→4→1というのがそれです。

　そこでまず、①に部屋5を、⑤に部屋4を、そして④に部屋1を与えることを決め、彼らを選択から離脱させます。次に、残りの②③⑥⑦に、残りの部屋で希望順位が高いものを選んで、同じ作業をしてもらいます。そうすれば、2→3、3→2、6→7、7→7となりますので、ここからサイクル2→3→2を見つけ出すことができます。そこで、②に部屋3を、③に部屋2を与えることにして、彼らも選択から離脱させます。残る⑥⑦について同じ作業を繰り返すと、6→7、7→7となり、サイクル7→7が

見つかりますので、⑦に部屋7が与えられます。最後は⑥しか残っておらず、部屋も6しか残っていませんので、6→6となり、このサイクルにしたがって⑥に部屋6が与えられます。これによって得られた強コア配分は、案Aということになります。

　このことはいったい何を意味しているのでしょうか。価値判断を考える際に暗黙の前提とされていた市場原理というものは、従来ブラックボックス（神の見えざる手）として理解されてきました。しかし、情報技術やＡＩ（人工知能）の発達により、その中身が見え始めているということが分かります。抜け駆け（ブロック）が存在する以上、市場に任せておけば必ずや幸福の最大化につながるというわけではありません。したがって、事柄によっては、市場原理の外で強コア配分を強制することが合理的である可能性があります。例えば、移植臓器のマッチングにおいては、当事者同士の抜け駆け（闇の臓器売買）は甚大な健康被害を引き起こす危険性があるばかりか、移植臓器のマッチングに目詰まりを起こし、助かる命も助からなくなる恐れがあります。まさに、こうした分野では、功利主義一辺倒の考え方では合理的な法的思考を導くことができない、ということを知ることが大切です。

4 改めて「法的思考」を考える

　様々な角度から「法的思考」について論じてきましたが、最後に法学部や法科大学院で教えている「法的思考」との関係を整理して、本書を閉じることにしましょう。

　学生たちは、六法と呼ばれる法典（憲法・民法・刑法・商法・民事訴訟法・刑事訴訟法）を中心に、立法趣旨、過去の判例、学説の対立などを学びます。条文の文言には当てはまりにくいけれども立法趣旨からすれば同様に扱うべき出来事が生じた場合や、逆に、通常の用語法では文言に当てはまってしまうものの、それでは立法趣旨が損なわれてしまう出来事が生じた場合に、それらを過不足なく処理するにはどうすれば良いのか。それを考えさせるのが、学習の狙いになります。

　裁判や学者の論争を通じて生み出される「規範」は、人類の叡智の結晶として蓄積され、それを学ぶ学生たちが新たな智慧を積み上げていくことになります。これこそが、R・ドゥウォーキンが強調した「解釈」の姿です。先人が行ってきた解釈を踏まえつつ、法の目的に照らしながら法の言葉を最善なものに変えていくこと。法学部や法科大学院で磨いているスキルは、こうした法的思考だということができます。

　法律家の議論はバランスをとろうとするものが多く、面白くないと言う人がいます。法律家の中にも、社会運動に身を投じたり、

政治家になって自らが信ずる政策の実現に取り組んだりする人も
います。その中には、極端な思想に基づいた過激な政策を提唱す
る人がいるのも事実です。しかし、それは各人の生き方の問題で
あって、必ずしも法的思考と結びついているわけではありません。
調理師さんがデモに参加したからといって、その料理の腕前が発
揮されるわけではないのと同じです。

　冒頭のケーキの分け方でお分かりのように、法的思考は紛争解
決のための道具です。そのため、どうしても足して２で割ったり、
「三方よし」の大岡裁きを目指したりといった穏当さが目立つこ
とになります。しかし、それは決して簡単な作業ではありません。
ジャック・デリダは、「脱構築（déconstruction）は正義である」
と述べました。私もそう思います。ＡとＢとが対立しているよう
に見える場合でも、Ａの中にＢの要素が含まれている（ＡがＢに
向けて発する批判はブーメランのようにＡにも突き刺さる）と指
摘することで、ＡとＢとの二項対立を解体し、より新しいものへ
と再構築する。これこそが法的思考の真骨頂なのではないでしょ
うか。

　問題は、どうすれば「法の言葉を最善のもの」に変えることが
できるのか、という点にあります。ここまで読み進めていただい
た皆様には、もうお分かりいただけたのではないでしょうか。こ
の本に書かれていたことすべてが、その作業につながっているこ
とを。

　法を学んだ経験のない方はもちろん、かつて法学部や法科大学
院で学んだ経験のある方の中にも、法的思考なんて所詮は条文・

判例・学説の暗記だとうそぶく人がいます。しかし、それは間違いです。法というものが人類の生活と密接に結びつきながら発展し続けてきたのは、人類が見つけ出した最先端の叡智を積極果敢に取り入れてきたからにほかなりません。

　この本は、そうした法的思考の真の姿を伝えるために書かれました。これを読んで、森羅万象につながる法的思考のダイナミズムを感じていただけたなら、望外の喜びです。法律を学んでみようと思う若者や、法律をもう一度学んでみようと思う大人の皆さんが増えることを期待しています。

参 考 文 献

青井秀夫『法理学概説』（有斐閣、２００７年）

アリストテレス著／内山勝利・神崎繁・中畑正志編『分析論前書 分析論後書（新版アリストテレス全集第２巻)』（岩波書店、２０１４年）

アリストテレス著／内山勝利・神崎繁・中畑正志編『ニコマコス倫理学（新版アリストテレス全集第15巻)』（岩波書店、２０１４年）

キット・イェーツ著／冨永星訳『生と死を分ける数学―人生の（ほぼ）すべてに数学が関係するわけ』（草思社、２０２０年）

ゲオルグ・イェリネック著／大森英太郎訳『法・不法及刑罰の社會倫理的意義』（岩波書店、１９３６年）

イェーリング著／村上淳一訳『権利のための闘争』（岩波書店、１９８２年）

伊藤滋夫『要件事実の基礎（新版)』（有斐閣、２０１５年）

伊藤慈夫『要件事実論の総合的展開―その汎用性を説き論証責任論に及ぶ』（日本評論社、２０２２年）

伊藤毅『ルールの世界史』（日経BP、２０２２年）

伊藤泰『ゲーム理論と法哲学』（成文堂、２０１２年）

稲葉振一郎『社会倫理学講義』（有斐閣、２０２１年）

井上達夫編『現代法哲学講義（第２版)』（信山社、２０１８年）

井上達夫編『立法学の哲学的再編（立法学のフロンティア１)』（ナカニシヤ出版、２０１４年）

今井むつみ『ことばと思考』（岩波書店、２０１０年）

今井むつみ・秋田善美『言語の本質』（中央公論新社、２０２３年）

M・ウェーバー著／世良晃志郎訳『法社会学』（創文社、１９７４年）

B・L・ウォーフ著／池上嘉彦訳『言語・思考・現実』（講談社、１９９３年）

宇佐美誠・児玉聡・井上彰・松元雅和『正義論―ベーシックスからフロンティアまで』（法律文化社、２０１９年）

笛吹明生『大江戸とんでも法律集』（中央公論社、２００９年）

梅木達郎『脱構築と公共性』（松籟社、２００２年）

江崎貴裕『数理モデル思考で紐解く RULE DESINE―組織と人の行動を科学する―』（ソシム、２０２２年）

E・エールリッヒ著／河上倫逸・M・フーブリヒト訳『法社会学の基礎理論』（みすず書房、１９８４年）

大芦治『心理学をつくった実験 30』（筑摩書房、２０２３年）

大塚滋『説き語り法実証主義』（成文堂、２０１４年）

太田勝造編『AI 時代の法学入門―学際的アプローチ』（弘文堂、２０２０年）

大屋雄裕『法解釈の言語哲学－クリプキから根元的規約主義へ』（勁草書房、２００６年）

岡田章『ゲーム理論（新版）』（有斐閣、２０１１年）

トーマス・カスカート著／小川仁志監訳・高橋璃子訳『「正義」は決められるのか？』（かんき出版、２０１５年）

ハンス＝ゲオルク・ガダマー著／轡田收・麻生建・三島憲一・北川 東子・我田広之・大石紀一郎訳『真理と方法Ⅰ：哲学的解釈学の要綱〈新装版〉』（法政大学出版局、２０１２年）

ハンス＝ゲオルク・ガダマー著／轡田收・巻田悦郎訳『真理と方法Ⅱ：哲学的解釈学の要綱〈新装版〉』（法政大学出版局、２０１５年）

ハンス＝ゲオルク・ガダマー著／轡田收・三浦國泰・巻田悦郎訳『真理と方法Ⅲ：哲学的解釈学の要綱〈新装版〉』（法政大学出版局、２０２１年）

川越敏司『「意思決定」の科学－なぜ、それを選ぶのか』（講談社、２０２０年）

亀田達也・村田光二『複雑さに挑む社会心理学（改訂版）』（有斐閣、２０１０年）

亀本洋『ドゥオーキン「資源の平等」を真剣に読む』（成文堂、２０１６年）

ジョージ・ガモフ著・マーヴィン・スターン著／由良統吉訳『数は魔術師』（白揚社、１９９９年）

児玉聡『功利主義入門－はじめての倫理学』（筑摩書房、２０１２年）

後藤元「社外取締役に関する実証研究とコーポレートガバナンス改革」（藤田友敬編集・連載／実務法曹のための分析手法の基礎知識）ジュリスト 1577 号（２０２２年１１月号）

小林吉弥『田中角栄の人を動かすスピーチ術』（講談社、２００３年）

小林正弥『サンデルの政治哲学〈正義〉とは何か』（平凡社、２０１０年）

ベン・ゴールダー著・ピーター・フィッツパトリック著／関良徳監訳・小林智・小林史明・西迫大祐・綾部六郎訳『フーコーの法』（勁草書房、２０１４年）

草野耕一『数理法務のすすめ』（有斐閣、２０１６年）

斎藤慶典『デリダ　なぜ「脱−構築」は正義なのか』（NHK出版、２００６年）

ダン・サイモン著／福島由衣・荒川歩訳『その証言、本当ですか？―刑事司法手続きの心理学』（勁草書房、２０１９年）

坂井豊貴『マーケットデザイン―最先端の実用的な経済学』（筑摩書房、２０１３年）

坂井豊貴『多数決を疑う―社会的選択理論とは何か』（岩波書店、２０１５年）

坂井豊貴『「決め方」の経済学―「みんなの意見のまとめ方」を科学する』（ダイヤモンド社、２０１６年）

酒匂一郎『法哲学講義』（成文堂、２０１９年）

櫻井芳雄『まちがえる脳』（岩波書店、２０２３年）

佐藤岳詩『「倫理の問題」とは何か―メタ倫理学から考える』（光文社、２０２１年）

シェイクスピア著／福田恆存訳『ヴェニスの商人』（新潮社、１９６７年）

スティーブン・シャベル著／田中亘・飯田高訳『法と経済学』（日本経済新聞出版社、２０１０年）

ハウェル・ジャクソン著・ルイ・キャプロー著・スティーブン・シャベル著・キップ・ビスクシィ著・デビッド・コープ著／神田秀樹・草野耕一訳『数理法務概論』（有斐閣、２０１４年）

フィリップ・スコフィールド著／川名雄一郎・小畑俊太郎訳『ベンサム―功利主義入門』（慶応義塾大学出版会、２０１３年）

菅原彬州監修・森光編著「超然トシテ独歩セント欲ス―英吉利法律学校の挑戦」（中央大学出版部、２０１３年）

住吉雅美『あぶない法哲学―常識に盾突く思考のレッスン』（講談社、２０２０年）

住吉雅美『ルールはそもそもなんのためにあるのか』（筑摩書房、２０２３年）

アマルティア・セン著／池本幸生訳『正義のアイデア』(明石書店、２０１１年)

フェルディナン・ド・ソシュール著／小林英夫訳『一般言語学講義』(岩波書店、１９７２年)

高橋文彦『法的思考と論理』(成文堂、２０１３年)

瀧川裕英・宇佐美誠・大屋雄裕『法哲学』(有斐閣、２０１４年)

瀧川裕英『問いかける法哲学』(法律文化社、２０１６年)

竹田青嗣『超解読！はじめてのフッサール「現象学の理念」』(講談社、２０１２年)

R・デカルト著／谷川多佳子訳『方法序説』(岩波書店、１９９７年)

J・デリダ著／谷口博史訳『エクリチュールと差異〈改訳版〉』(法政大学出版局、２０２２年)

G・トイプナー著／村上淳一・小川浩三訳『結果思考の法思考―利益衡量と法律家的論証』(東京大学出版会、２０１１)

G・トイプナー著／土方透・野崎和義訳『オートポイエーシス・システムとしての法』(未来社、１９９４年)

R・ドゥウォーキン著／木下毅・野坂泰司・小林公訳『権利論』(木鐸社、２００３年)

R・ドゥウォーキン著／小林公訳『法の帝国』(未来社、１９９５年)

得津晶「企業における行動学的転回（behavioral turn）と消費者取引規制の在り方」法律時報 92 巻 8 号（2020 年 7 月号）

友野典男『行動経済学―経済は「感情」で動いている』(光文社、２００６年)

中山竜一『二十世紀の法思想』(岩波書店、２０００年)

西村清貴『法思想史入門』(成文堂、２０２０年)

マーサ・C. ヌスバウム著／神島裕子訳『正義のフロンティア―障碍者・外国人・動物という境界を越えて』(法政大学出版局、２０１２年)

野矢茂樹『言語哲学がはじまる』(岩波書店、２０２３年)

野矢茂樹『ウィトゲンシュタイン「哲学探究」という戦い』(岩波書店、２０２２年)

R・ノージック著／嶋津格訳『アナーキー・国家・ユートピア―国家の正当性

とその限界』（木鐸社、１９９４年）

Ｆ・Ａ・ハイエク著／西山千明訳『隷属への道 ハイエク全集Ⅰ　別巻（新版）』（春秋社、２００８年）

Ｆ・Ａ・ハイエク著／気賀健三・古賀勝次郎訳『自由の条件Ⅰ：自由の価値』（春秋社、２０２１年）

Ｆ・Ａ・ハイエク著／気賀健三・古賀勝次郎訳『自由の条件Ⅱ：自由と法』（春秋社、２０２１年）

Ｆ・Ａ・ハイエク著／気賀健三・古賀勝次郎訳『自由の条件Ⅲ：福祉国家における自由』（春秋社、２０２１年）

マルティン・ハイデガー著／熊野純彦訳『存在と時間（一）～（四）』（岩波書店、２０１３年）

Ｈ・Ｌ・Ａ・ハート著／矢崎光圀監訳『法の概念』（みすず書房、１９７６年）

橋本努『経済倫理＝あなたは、なに主義？』（講談社、２００８年）

チャールズ・ホーマー・ハスキンズ著／別宮貞徳・朝倉文市訳『十二世紀のルネサンス―ヨーロッパの目覚め』（講談社、２０１７年）

Ｊ・ハーバーマス著／河上倫逸・平井俊彦訳『コミュニケイション的行為の理論（上）（中）（下）』（未来社、１９８５年～８７年）

林田清明『法と経済学―新しい知的テリトリー（第２版）』（信山社、２００２年）

樋口陽一『リベラル・デモクラシーの現在―「ネオリベラル」と「イリベラル」のはざまで』（岩波書店、２０１９年）

平井宜雄『法政策学（第２版）』（有斐閣、１９９５年）

ジョン・ロールズ著・リチャード・アーネソン著・エリザベス・アンダーソン著・デレク・パーフィット著・ロジャー・クリスプ著／広瀬巌編・監訳『平等主義基本論文集』（勁草書房、２０１８年）

ジョセフ・ヒース著／瀧澤弘和訳『ルールに従う―社会科学の規範理論序説』（NTT出版、２０１３年）

ケン・ビンモア著／海野道郎・金澤悠介『ゲーム理論』（岩波書店、２０１０年）

ケン・ビンモア著／栗林寛幸訳『正義のゲーム理論的基礎』（NTT出版、２０１５年）

深田三徳・濱真一郎『よくわかる法哲学・法思想』（ミネルヴァ書房、２０１５年）

福井秀夫『ケースからはじめよう法と経済学—法の隠れた機能を知る』（日本評論社、２００７年）

テオドール・フィーヴェク著／植松秀雄訳『トピクと法律学：法学的基礎研究への一試論』（木鐸社、１９８０年）

E・フッサール著／立松弘孝訳『現象学の理念』（みすず書房、１９６５年）

M・フーコー著／田村俶訳『監獄の誕生—監視と処罰』（新潮社、１９７７年）

M・フーコー著／渡辺守章訳『性の歴史Ⅰ　知への意思』（新潮社、１９８６年）

古田徹也『はじめてのウィトゲンシュタイン』（NHK出版、２０２０年）

L・L・フラー著／稲垣良典訳『法と道徳』（有斐閣、１９６８年）

プラトン著／藤沢令夫訳『国家（上）（下）』（岩波書店、１９７９年）

プラトン著／久保勉訳『ソクラテスの弁明　クリトン』（岩波書店、１９５０年）

ミルトン・フリードマン著／村井章子訳『資本主義と自由』（日経BP、２００８年）

チェーザレ・ベッカリーア著／小谷眞男『犯罪と刑罰』（東京大学出版会、２０１１年）

ヘーゲル著／上妻精・佐藤康邦・山田忠彰訳『法の哲学：自然法と国家学の要綱（上）（下）』（岩波書店、２０２１年）

ジェレミー・ベンサム著／中山元訳『道徳および立法の諸原理序説　上・下』（筑摩書房、２０２２年）

細江守紀『法と経済学の基礎と展開—民事法を中心に』（勁草書房、２０２０年）

ホッブス著／水田洋訳『リバイアサン１〜４』（岩波書店、１９５４年〜１９８５年）

丸山圭三郎『ソシュールを読む』（講談社、２０１２年）

ジョン・スチュワート・ミル著／関口正司訳『功利主義』（岩波書店、２０２１年）

室岡健志『行動経済学』（日本評論社、２０２３年）

森田果『実証分析入門—データから「因果関係」を読み解く作法』（日本評論社、

２０１４年）

森村進『法哲学講義』（筑摩書房、２０１５年）

森村進編・著『法思想の水脈』（法律文化社、２０１６年）

森村進『正義とは何か』（講談社、２０２４年）

森脇逸青著・西山雄二著・宮崎裕助著・ダリン・テネフ著・小川歩人著『ジャック・デリダ「差延」を読む』（読書人、２０２３年）

山崎利男『英吉利法律学校覚書―明治前期のイギリス法教育』（中央大学出版部、２０１０年）

ラートブルフ著／碧海純一訳『ラートブルフ著作集３　法学入門』（東京大学出版会、１９６４年）

Ｎ・ルーマン著／馬場靖雄・上村隆広・江口厚仁訳『社会の法１〈新装版〉』（法政大学出版局、２０１６年）

Ｎ・ルーマン著／馬場靖雄・上村隆広・江口厚仁訳『社会の法２』（法政大学出版局、２００３年）

ハンス・ロスリング著・オーラ・ロスリング著・アンナ・ロスリング・ロンランド著／上杉周作・関美和訳『FACTFULNESS』（日経 BP、２０１９年）

Ｊ・ロールズ著／川本隆史・福間聡・神島裕子訳『正義論（改訂版）』（紀伊国屋書店、２０１０年）

おわりに

　ご存知の方も多いと思いますが、アメリカでは、法律学を専門的に教える学部を設置している大学はほとんどありません。法律学は、大学卒業後、裁判官や検察官そして弁護士（これらをまとめて法曹といいます）を目指す人だけが学ぶ法科大学院（ロー・スクール）で初めて教えられます。それに対し、日本では、多くの大学に法学部が設けられています。医者にならないのに医学部に進む学生は稀ですが、法曹を目指さないのに法学部で学ぶ学生はむしろ多数派です。こうした状況はどうして生まれたのでしょうか。

　日本で最初の大学は東京大学です。1877（明治10）年に、江戸幕府の洋学の拠点であった蕃書調所の流れを汲む大学南校（開成学校が改名したもので、後に再び開成学校を名乗りました）と、天然痘対策のために設けられた種痘所の流れを汲む大学東校が合体してできました。もう一つの拠点であった大学本校は、昌平黌（しょうへいこう。昌平坂学問所）を引き継いで儒学を教えていた教授陣と、明治維新後に京都の皇学所から移籍し国学を教えていた教授陣の対立が激しかったことから、東京大学には合流させられず廃止となりました。その結果、それまで「漢学」「国学」「洋学」という形に分けられていた教育体系が、「洋学」のみを細分化する形で、法学部・理学部・文学部・医学部に分けられました。

　しかし、当時は、必ずしも大学が高等教育の中心だったわけで

はなく、各省や軍が設置した官立の専門学校でも実務教育が行われていました。明治政府が掲げた富国強兵・殖産興業の政策を押し進めるには、即戦力のある専門的知識を急いで教え込むことが必要だったからです。法律の分野では、司法省が、省の内部に明法寮（後の司法省法学校）という法律の専門学校を設置し、パリ大学の准教授だったボアソナードらを招いて、フランス語で法学教育を行いました。

　当時は弁護士のことを代言人と呼んでいました。資格試験は1876（明治９）年に始まりましたが、本格的な試験制度が整ったのは1880（明治13）年のことです。この年以降、私立の法律専門学校がたくさん作られます。東京大学と司法省法学校だけでは十分な数の法曹を育てられなかったことから、司法省も、それをバックアップしました。

　最初にできたのが、1880（明治13）年創立の専修学校（現・専修大学）です。ここでは、東京大学と同じく主としてイギリス法が教えられましたが、外国人教師が英語で授業をしていた東京大学とは異なり、日本語で学ぶことができたため、人気を博しました。翌1881（明治14）年には明治法律学校（現・明治大学）、東京法学校（現・法政大学）ができました。この２つは、司法省法学校の卒業生たちによって創設されましたので、主としてフランス法の教育を担いました。

　一方、明治政府は内閣制度を整え、伊藤博文が初代内閣総理大臣に就任しました。世間では、国政選挙を前に、自由民権運動が

盛り上がりを見せていました。明治14年の政変により、伊藤の政敵であった大隈重信が下野し、1882（明治15）年に東京専門学校（現・早稲田大学）ができます。これに焦った伊藤博文は、文部大臣に任命した森有礼に命じ、教育改革を断行しました。

　司法省法律学校は財政難のため、すでに文部省（現・文部科学省）の管轄となっていました。伊藤博文は、自由民権運動と向き合いながら国家を運営するには、ドイツ流の官僚機構が必要だと考え、東京大学法学部をその拠点とすることを構想しました。これを受けて、森有礼は、東京大学法学部に、文部省の管轄となっていた法律学校を統合するとともに、法学部に様々な特権を与えました。その結果、日本の法学部は、官僚養成と法曹養成の2つを担う学部として位置づけられるようになったわけです。仮に文部省の法律学校が法学部と切り離されたまま発展していれば、アメリカ型の教育制度になっていたかもしれませんが、それはタラレバの話にすぎません。

　これを機に、東京大学法学部の内部では、伝統的なイギリス法派と司法省法律学校の流れを汲むフランス法派の対立が生じました。そこで、東京大学のイギリス法派は、その拠点となる私立学校を作ります。それが1885（明治18）年に創設された英吉利法律学校（現・中央大学）です。

　かくして、東京大学法学部が学部教育の形で法曹教育を担うことになりましたので、いずれの大学も東京大学と同じく学部のレベルで法学教育を行うようになりました。

　法学部に進む学生の数は、毎年4万人ほどに上りますが、これ

らの中の圧倒的多数は、法曹にも官僚にもなりません。しかし、これだけ多数の人々が「法的思考」を身に付けていることが、日本の国力を支えていることは紛れもない事実です。

　社会の津々浦々で活躍されている「法的思考」を備えた方々が、この本を手に取った結果、改めてそのスキルに磨きをかけてくださることを期待します。また、これから進路を決める若者たちが、一人でも多く「法的思考」の担い手になってくれることを願います。

　そして何より、現在、まさに「法的思考」を身に付けるために日々研鑽を積んでいる法学部や法科大学院の学生さんには、「法的思考」の真髄を理解し、それをより深めるために、この本を利用していただきたいと思います。そうすることで「法の支配」があまねく浸透し、日本の国力がなお一層高まることに繋がるならば、望外の喜びです。

　最後になりますが、粘り強く原稿を待って下さった PHP エディターズ・グループの野元一哉さんに心より感謝申し上げます。

　また、結婚して 35 年の間、本に埋もれた書斎に籠る私を励まし続けてくれた妻・由恵に、感謝を込めてこの本を捧げます。

2024 年 3 月　野村修也

〈著者略歴〉

野村修也 (のむら・しゅうや)

中央大学法科大学院教授。森・濱田松本法律事務所客員弁護士。1962年函館市生まれ。西南学院大学法学部助教授を経て、1998年中央大学法学部教授、2004年より現職。1998年に金融監督庁（現・金融庁）参事に就任して以来、同庁顧問、総務省顧問、厚労省顧問などを務めた。郵政民営化委員、年金記録問題検証委員、国会の原発事故調査委員などを歴任。多数のメディアでMCやコメンテーターを務める。伝統ある中央大学陸上競技部の部会長でもある。著書に『年金被害者を救え　消えた年金記録の解決策』（岩波書店）、『サステナビリティの経営と法務』（経済法令研究会／共著）などがある。

説得力を高めたい人のための
法的思考入門

2024年4月8日　第1版第1刷発行

著　者	野　村　修　也
発行者	岡　修　平
発行所	株式会社PHPエディターズ・グループ

〒135-0061　江東区豊洲5-6-52
☎03-6204-2931
https://www.peg.co.jp/

発売元　株式会社PHP研究所

東京本部　〒135-8137　江東区豊洲5-6-52
普及部　☎03-3520-9630
京都本部　〒601-8411　京都市南区西九条北ノ内町11
PHP INTERFACE　https://www.php.co.jp/

印刷所
製本所　図書印刷株式会社